Die Macht des Bösen

Helga Schimmer, geboren 1967, studierte Biologie und Erdwissenschaften in Wien, war als Gymnasiallehrerin tätig und lebt heute als freie Schriftstellerin in Niederösterreich. Sie verfasst Sachbücher, Ratgeber, Romane sowie Kurzgeschichten. Ihre Spezialität ist die literarische Aufbereitung wahrer Verbrechen (unter anderem »Gelegenheit macht Mörder«, »Komm, stirb für mich!«, »Mord ist ihr Alltag«).

Die in diesem Buch beschriebenen Fälle haben sich tatsächlich ereignet. Die Darstellung folgt im Wesentlichen den Abläufen der Geschehnisse, und Persönlichkeiten der Zeitgeschichte werden mit ihren richtigen Namen zitiert. Einige Namen von Zeugen wurden jedoch geändert, wobei eventuelle Namensgleichheiten mit Unbeteiligten gänzlich absichtslos und reiner Zufall sind.

Ich danke allen Ermittlern, die mir bei meinen Recherchen behilflich waren – auch jenen, die aus verständlichen Gründen ungenannt bleiben oder unter Pseudonymen agieren möchten.
Mein besonderer Dank gilt Familie Pücher.
Helga Schimmer

Helga Schimmer

Die Macht des Bösen

Wahre Kriminalfälle aus Österreich

emons: True Crime

Umschlaggestaltung: Weusthoff Noëll, Hamburg (www.wnkd.de)
Druck und Bindung: CPI – Clausen & Bosse, Leck
Printed in Germany 2009
ISBN 978-3-89705-621-3

Inhalt

Amok in der Idylle

Ein lauer Frühlingstag vor wenigen Jahren. Das Einfamilienhaus hatte fünf Fenster an der Straßenseite. Jedes der Fenster stand offen, und in jedem Fensterrahmen drängten sich die Köpfe von schätzungsweise zehn Frauen und Männern. Fünfmal zehn Menschen, die sich den besten Platz gesichert hatten. Fünfzig Leute erste Reihe fußfrei, sozusagen. Die Vormittagssonne spiegelte sich in den Teleobjektiven der Pressefotografen, die sich ebenfalls in Position brachten, als die Polizeikräfte das Areal mit rot-weiß-roten Bändern großflächig abriegelten, um weitere Dorfbewohner und Dutzende Ortsfremde am Vordringen zu hindern. Gesprächsfetzen hier, Getuschel dort, gespannte Erwartung ringsum.

Schließlich brauste die Wagenkolonne heran. Mitten auf der Straße kam sie zum Stillstand. Den Autos entstiegen Männer in dunklen Sakkos und Jeans, Polizisten in schwarzen Jacken, mit roten Baretten und Gewehren am Schulterriemen. Dann der Ruck, mit dem die Tür des Kleinbusses zurückgeschoben wurde, und heraus kletterte – hemdsärmelig, aber in Handschellen – endlich der eine, auf den alle gewartet hatten.

Sofort kam Bewegung in die Menge. »Mörder! Mörder!«, schrie eine Frau aus dem einen Fenster. »Krepier, du Hund!«, tönte es aus einem anderen. »Stirb, du feiger Killer!«, schallte es von jenseits der Absperrung. Unter dem Titel »Volkszorn wütet beim Lokalaugenschein« stand tags darauf in der Kronenzeitung zu lesen:

»Binnen kürzester Zeit war der halbe Ort auf den Beinen, um dem mutmaßlichen Mörder noch einmal in die Augen zu sehen. Oder um einen Blick auf die ›Bestie‹ zu erhaschen.«

Bestie?

Einen Blick erhaschen?

Was war geschehen, dass Anfang des dritten Jahrtausends in einem demokratischen Staat nach Lynchjustiz gerufen wurde?

Es ging, wie so oft, ums Geld. Und zwar um eine ansehnliche Summe. Einige hunderttausend Euro waren der Nordburgenländerin auf dem Erbweg zugefallen. Mittlerweile litt sie an Altersdemenz, und ihre beiden erwachsenen Kinder stritten um das Vermögen. Bereits von klein auf verstanden Bruder und Schwester sich schlecht, immer wieder gab es Eifersüchteleien und Neid. Die Aussicht auf ein stattliches Erbe verschärfte die Lage, schließlich bemühte man sogar Rechtsanwälte und Gerichte. Diese bestimmten zwei Sachwalter und entschieden, wie das Geld nach dem Tod der alten Frau aufzuteilen sei. Die Tochter sollte außerdem eine Liegenschaft erhalten, musste sich jedoch im Gegenzug verpflichten, für die Pflege der bettlägerigen, demenzkranken Mutter zu sorgen.

Damit war der Streit aber keineswegs beigelegt, im Gegenteil bot die Situation Anlass für weitere Scharmützel: Der Sohn fühlte sich vom Gerichtsentscheid übervorteilt und warf seiner Schwester vor, die Mutter durch ungerechtfertigte Ausgaben zu betrügen. So sei etwa das Haus der Schwester überraschend zügig fertig gebaut worden, meinte er. Erfolgreich strengte er ein Verfahren wegen Betrugs an, wofür die Schwester sich mit einer Räumungsklage revanchierte, die ihn zwang, aus dem Elternhaus auszuziehen.

Er ging nach Wien, wohin er sowieso täglich auspendelte, um im Verkauf eines Möbelhauses zu arbeiten. Endgültig kehrte er der Provinz den Rücken, jenem Landstrich am Ostrand Österreichs, den Infrastrukturplaner über Jahrzehnte vernachlässigt hatten. Wer praktisch an den Gitterstäben des ehemaligen Eisernen Vorhangs wohnt, darf sich keine rosige Zukunft erwarten – dieses Stigma scheint der Gegend aufgeprägt, auch noch Jahre nach dem Ende des Kommunismus. Um das Fünfhundert-Seelen-Dorf machten Investoren noch immer einen großen Bogen. Es wurden in der flachen Landschaft nur etliche Windkraftwerke errichtet, an welchen sich die Geister scheiden: Sinnvolle Nutzung natürlicher Ressourcen, sagen die einen; Verschandelung der Gegend, die anderen. Im Übrigen aber scheinen die Bewohner zufrieden, dass die Erde sich weiterdreht und alles für sie Wesentliche beim Alten bleibt: kein Shoppingcenter, keine Eliteuniversität, keine Türken im Ort. In den Augen vieler Großstädter möglicherweise eine Idylle. Ein wenig trostlos für die Jugend zwar, so überhaupt keine Action außer dem jährlichen Preisschnapsen im einzigen Dorfwirtshaus. Doch ja – Idylle: Die letzte zivile Bluttat lange vor dem Zweiten Weltkrieg.

Das sollte sich bald ändern. Denn in Wien lebte jener Mann, den seine Wurzeln nicht losließen.

Der Mann – er war alleine, weil seine Ex-Freundin ihn vor Kurzem vor die Tür gesetzt hatte, oder wie seine bevorzugte Version lautete: er höchst selbst der blöden Kuh, die nichts anders konnte als an ihm herumnörgeln, einen Tritt in den Hintern verpasst hatte –, dieser Mann also verbrachte die Abende und Wochenenden in Wettbüros und Gaststätten, wo er sich nach Leibeskräften anstrengte, seine Frustration in Alkohol zu ertränken. Aber der dämpfende Effekt der Droge stellte sich nicht ein. Auch nicht, wenn er anstatt von Bier Höherprozentiges in sich hineinschüttete. Er kam sich selbst vor wie sein Daumen, den er sich vor Jahren einmal in der Autotür eingeklemmt hatte: Da war ein Druck unter dem Nagel gewesen, der das Blut wütend pulsieren und den Finger gewaltig anschwellen ließ. Ein Druck, der ihm den Schlaf raubte; ein Druck, unter dem sein Verstand versagte; unter dem sein Groll zum Monstrum anwuchs. Als er sich endlich dazu durchgerungen hatte, ins Krankenhaus zu fahren, nahm der junge Arzt in der Ambulanz eine Büroklammer, bog sie gerade, glühte die Spitze in der Bunsenbrennerflamme aus und stach ihm damit ein Loch in den Nagel. In dem Moment, als das Blut in einem

Schwall herausspritzte, war ihm, als blase eine Bö durch sein Gehirn, ein frischer Luftzug, der alles Vergangene auslöschte. So einfach: ein Loch mit einer Büroklammer, und das Leben war wieder lebenswert.

Nun aber saß er, der Neo-Wiener, mit dröhnendem Schädel an der Bar eines Lokals nahe dem Westbahnhof, es war 18.00 Uhr, und der Kellner – eindeutig kanakischer Herkunft – schickte sich doch tatsächlich an, ihn zum Heimgehen aufzufordern. »Hast genug für heute«, meinte er im Ton eines Veterinärs zum kranken Ochsen.

»Halt's Maul, du Tschusch! Gib mir lieber noch ein Bier!« So musste man mit den Burschen reden. Ihnen zeigen, wo's langgeht. Kommen da von irgendeinem Kaff aus Ostanatolien und glauben, sie können über uns bestimmen. Unterordnen sollen sie sich gefälligst, weil in unserem Land sagen immer noch wir, was zu geschehen hat!

»Du weißt –«

»Alles weiß ich, im Gegensatz zu dir.« Und mit gefährlichem Knurren tief aus dem Bauch: »Wo bleibt mein Krügel?«

Der Kellner drückte kurz die Lider auf die Augäpfel und wandte sich den anderen Gästen zu. Über den Großbildschirm flimmerten Szenen eines Fußballmatches, die ein paar Männer über die Ränder ihrer Biergläser hinweg verfolgten. Ab und zu ging ein Urlaut des Unmutes durch die Gaststube, wenn ein Pass misslang oder ein Spieler am Tor vorbeischoss.

In dem Mann an der Bar aber ballte sich die Wut zusammen. Siedende Hitze stieg in ihm vom Magen hoch, blähte den Brustkorb auf, weitete die Schlagader am Hals, schoss ins Gesicht. Das Ventil platzte schließlich in der linken Hand, die vorschnellte und den Kellner am Kragen packte. Die Rechte landete punktgenau an dessen Kinn. Klassischer Aufwärtshaken. Der Kellner strauchelte und knallte rücklings gegen das Spirituosenregal. Aus seinen Lippen floss Blut.

Das Gläsergeklirr brachte Bewegung in die fernsehende Menge. Doch bevor einer der anderen Gäste das Geschehene erfasst, bevor der Verletzte sich hochgerappelt, und eine Weile bevor dieser sich wieder so weit gefasst hatte, dass er die Nummer der Polizei in sein Handy tippen konnte, war der Aggressor durch die Tür nach draußen geschlüpft. Schnellen Schrittes entfernte er sich in Richtung U-Bahn-Station. Sein Pech war, dass zwei Beamte den Rayon gerade im Streifenwagen patrouillierten, als der Funkspruch mit der Personenbeschreibung sie erreichte. So konnten sie den Flüchtenden praktisch an der nächsten Ecke aufgreifen und, da er keinen Personalausweis bei sich hatte, auf die Wache mitnehmen.

Es war eine ruhig verlaufende, routinemäßige Amtshandlung. Der Angehaltene verhielt sich weder vorlaut noch rabiat und konnte schließlich über seinen Führerschein identifiziert werden. »Da nun kein Festnahmegrund mehr vorlag, wurde er gegen 18.30 Uhr entlassen«, schrieb einer der Beamten später in seinem Bericht.

Was der Polizist nicht wusste: Seine Jugend, sein behördlich-korrekter Ton, die starr nach Schema ablaufenden Vorgänge im Wachzimmer und – allen voran – der gut gemeinte Rat seines Kollegen, er, der Angehaltene, möge sich jetzt besser umgehend nach Hause begeben und sich ausschlafen, waren die Tropfen, die das Fass zum Überlaufen brachten.

Er fühlte sich gedemütigt. In seiner männlichen Ehre gekränkt. So weit war es gekommen, dass zwei Grünschnäbel in Uniform ihn abführten wie einen Verbrecher, ihn maßregelten und obendrein noch belehrten. Wo waren diese Affen denn, als der kanakische Kellner ihn beleidigte? Als seine Schwester ihm die Räumungsklage schickte und in ihrer Raffgier triumphierte? Alles hatte sich dieses Weib gekrallt, alles, was rechtmäßig ihm zustand. Sogar die Mutter hetzte sie gegen ihn auf, eine Frau, die sich nicht mehr auf den Beinen halten konnte, zu deren Gehirn kaum mehr ein Wort durchdrang und die verkalkt genug war, den eigenen Sohn mit »Wer sind denn Sie?« anzureden.

Und alle schauten tatenlos zu, wie seine Schwester, diese Ratte, sich sein Erbe unter den Nagel riss. Anwälte, Richter, Polizisten, wertloses Pack. Nach Hause gehen und schlafen – pah! Er wusste natürlich genau, was dieser Idiot in Montur eigentlich gemeint hatte: Er solle sich niederlegen und seinen Rausch ausschlafen. Rausch. Dass er nicht lachte. Nach zwei Krügel Bier. Bitte.

Okay, er hatte die nächste U-Bahn in seinen Bezirk genommen und war die Treppe zu seiner Wohnung hinaufgestiegen. Aber dieses Glas Whisky, das jetzt vor ihm auf dem Couchtisch stand, das er bedächtig, ja beinah ehrfürchtig an die Lippen hob und dessen Inhalt ihm tröstend durch die Kehle rann – dieses Glas verschaffte ihm Klarheit. Klarheit darüber, was er zu tun hatte: Er selbst musste das Zepter in die Hand nehmen. Er selbst musste endlich handeln, wo doch alle anderen nur lahm herumsaßen. Im besten Fall lahm herumsaßen, im schlechtesten Fall ihn aufs Gemeinste beschissen.

Jawohl. Er würde es denen zeigen, und zwar richtig! Diesmal würde er sich nicht wie mit seinem eingeklemmten Daumen die ganze Nacht im Bett wälzen, erst am Morgen ins Krankenhaus fahren und darauf warten, dass irgendein Quacksalber ihn mit einer läppischen Büroklammer vom höllischen Schmerz befreite. Nein, diesmal nicht. Diesmal würde er nicht zögern, zaudern, auf andere zählen. Ganze Arbeit. Ganze Arbeit war gefragt. Tabula rasa, sofort.

Entschlossen stand er auf und organisierte sich ein Taxi.

Der Taxifahrer schilderte eineinhalb Jahre später die Ereignisse wie folgt vor Gericht:

»Ich bin zwar seit Langem in Wien tätig, stamme aber aus derselben Gegend wie der Angeklagte. Ich kenne ihn seit etlichen Jahren. Ein- oder zweimal habe ich ihn alkoholisiert erlebt, aber er hat mich vorher nie bedroht. Am Abend der Tat ist er plötzlich mit gezogener Waffe in meine Wohnung gekommen. Er hat zu mir gesagt:

›Unternimm nichts gegen mich, es passiert dir nichts.‹ Aber er hat mich gezwungen, ihn in meinem Taxi in seinen Heimatort zu fahren. Während dieser Dreiviertelstunde hat er dauernd seine Pistole auf mich gerichtet und Drohungen ausgestoßen: gegen seine Schwester und seinen Schwager, gegen die Gemeindesekretärin, die eine Sachwalterin seiner Mutter war, gegen einen Rechtsanwalt. Wörtlich hat er gesagt: ›Denen blas ich das Gehirn heraus.‹

Im Burgenland musste ich zuerst zum Haus seiner Schwester fahren. Als er gesehen hat, dass dort alles dunkel ist, musste ich weiter zu seinem Elternhaus. Dort befahl er mir, vor ihm hineinzugehen und immer auf den Boden zu schauen. Dabei hielt er mir die Pistole an den Rücken. Im Schlafzimmer hat er dann gleich auf die Pflegerin seiner Mutter geschossen. Ich glaube, es hat ihn einfach nur gestört, dass sie da war und eine Ausländerin war. Die Frau stürzte und gab kein Lebenszeichen mehr von sich. Seine Schwester fiel auf die Knie und flehte um ihr Leben. Aber es half nichts, er feuerte ihr direkt in die Schläfe. Es war wie eine Hinrichtung. Seine Mutter, die leise vor sich hin wimmernd im Bett lag, beachtete er gar nicht. Ich habe gedacht: Jetzt bin ich dran.

Aber er scheuchte mich aus dem Haus, und wir stiegen wieder in mein Taxi, wo er seine Pistole nachlud. Ich sollte ihn hundert Meter weiter die Straße hinunter zum Haus der Sachwalterin chauffieren. Dort hat sich wieder dasselbe abgespielt: Ich musste vor ihm gehen, er dicht hinter mir, die Pistole an meinem Rücken versteckt. Nach dem Anläuten hat die Sachwalterin aus dem Fenster geschaut und dann die Eingangstür geöffnet. Nach einem kurzen Wortwechsel knallten wieder Schüsse. Er hat nicht gleich getroffen, und die Frau ist in Panik zurück ins Haus gelaufen. Er hinterher, weiterhin schießend. Diesen Moment habe ich ausgenützt und bin weggerannt. Ich rannte und rannte, bis ich völlig außer Atem war. Irgendwo habe ich dann bei einem Haus angeläutet und gesagt: ›Da ist einer im Dorf, der erschießt Leute, und hinter mir ist er auch her. Haben Sie ein Gewehr und ein Telefon?‹ Aber der Hausbesitzer hat mich nur angestarrt und den Kopf geschüttelt, da bin ich weiter gerannt. Bis in die Leitha-Au hinunter bin ich gerannt und dann weiter den Fluss entlang, immer weiter, bis ich schließlich in den nächsten Ort kam. Ich bin zur Straße hinauf und habe einen Polizeiwagen gesehen. Ich habe gewinkt und gewinkt und bin ihm beinah vor die Motorhaube gelaufen.«

Die Beamten brachten den Taxifahrer auf das Bezirkspolizeikommando in Neusiedl am See, wo er der Einsatzleitung erste zweckdienliche Hinweise geben konnte. Der Mann leidet bis heute an Panikattacken und Schlafstörungen. Er ist nach wie vor in psychotherapeutischer Behandlung.

Oberst Rainer Erhart genoss an jenem Abend die fetzigen Klänge, die ein Jazztrio auf dem Keyboard, dem Bass und den Drums fabrizierte. Das Konzert fand im Kulturverein Impulse in Neusiedl am See statt, den der Leiter des burgenländischen Landeskriminalamtes vor einigen Jahren mit Gleichgesinnten gegründet hatte. Erhart zeichnete für die Veranstaltungstechnik verantwortlich, schwenkte Scheinwerfer, justierte Mikrofone, bediente die Verstärkeranlage, als gegen 21.00 Uhr sein Handy in der Brusttasche vibrierte. Der diensthabende Journalbeamte rief an, um dem Chef einen in Österreich selten auftretenden und mit besonderer Umsicht zu behandelnden Tatbestand zu melden: »Wir haben im Bezirk einen Amokläufer, der bereits mehrere Menschen getötet hat.«

Damit war das Jazzkonzert für Erhart gelaufen. »Ich hab mich sofort zusammengepackt, bin schnell aufs Neusiedler Bezirkspolizeikommando gefahren und habe unterwegs meine Leute informiert«, erinnert sich der Fünfzigjährige. Er verschaffte sich einen ersten Überblick über die Situation. Dabei stellte sich heraus, dass der Taxilenker, der vom Amokschützen als Geisel genommen worden war, vor wenigen Minuten die Polizei alarmiert hatte. Der Mann sei sehr verwirrt gewesen, hieß es, und jetzt mit den Beamten nach Neusiedl unterwegs.

Erhart: »Für uns war zu diesem Zeitpunkt völlig unklar, wer genau der Täter ist, wo er sich aufhält, beziehungsweise ob er sich schon vom Tatort entfernt hat. Und falls ja, mit welchem Fahrzeug er geflüchtet ist.« Oder war er vielleicht noch im Dorf? Lauerte er etwa noch in irgendeinem Haus auf weitere potenzielle Opfer?

Eine solche Situation erfordert die Aufbietung von Dutzenden Polizeikräften, eingeschlossen die Unterstützung durch das Einsatzkommando Cobra. »Die Frage war, ob eine Alarmfahndung überhaupt noch Sinn macht, denn der Zeitabstand zwischen den Taten und der Meldung durch den Taxifahrer war schon recht groß«, sagt Erhart.

Inzwischen meldete sich auch der Ehemann einer der getöteten Frauen bei der Polizei, einige Beamte waren vor Ort, und der schwer geschockte Taxilenker traf am Bezirkskommando ein. Er musste medizinisch versorgt werden und war erst nach einiger Zeit in der Lage, die Fragen der Polizisten zu beantworten. Nun erfuhr man definitiv, wer der flüchtige Täter war. Da er in Wien wohnte, bildete man zwei Einsatzleitungen: Die erste, die sich auf die Ermittlungen im Bezirk konzentrierte, übernahm Erhart selbst; die zweite, die sich auf die Bundeshauptstadt bezog und die überregionale Fahndung koordinierte, oblag Erharts Stellvertreter im Landeskriminalamt in Eisenstadt.

»Aus polizeilicher Sicht unterscheidet man eine bis ins Detail durchgeplante Tat wie einen Terroranschlag, bei dem der Täter eine Exit-Strategie hat, von einem eher emotional gesteuerten Verbrechen, das hier offensichtlich vorlag. Ein derartiger Täter taucht häufig noch einmal an einem Ort auf, zu dem er Bezug hat, von wo er noch Dinge holen kann, die er für eine eventuelle Flucht benötigt. Diesen Ort überwacht man dann«, erläutert Erhart. Im konkreten Fall observierten Beamte der WEGA (Wiener Einsatzgruppe Alarmabteilung) die Wiener Wohnung des Amokläufers und dessen in der Nähe geparkten Wagen.

Erste Erhebungen am Tatort im Burgenland ergaben, dass der

Mann vermutlich mit dem Auto seiner getöteten Schwester geflüchtet war. Wohin, das wusste niemand. Doch der Taxifahrer gab in seiner Vernehmung an, dass der Täter ihm gegenüber Morddrohungen gegen zwei weitere Personen ausgesprochen hatte. »Da war natürlich sofort wieder Feuer am Dach, denn für uns bedeutete das: Wir müssen sicherheitspolizeiliche Maßnahmen ergreifen, um diese Personen zu schützen. Einige unserer Beamten suchten die Betroffenen auf, den Personenschutz und die Objektüberwachung übernahm dann das Einsatzkommando Cobra«, berichtet Oberst Erhart, der selbst einige Jahre lang bei dieser Spezialeinheit tätig war.

Wie sich später herausstellte, war der Amokschütze tatsächlich entschlossen gewesen, eine weitere seiner Drohungen wahr zu machen. Nachdem er die drei Frauen erschossen hatte, fuhr er mit dem Auto seiner Schwester direkt in eine Kleinstadt im Seewinkel und klingelte dort an der Haustür eines Rechtsanwaltes, der ebenfalls als Sachwalter seiner Mutter bestellt worden war. Der Anwalt lag bereits schlafend im Bett und brauchte dementsprechend lange, bis er auf das Läuten reagierte. Seine Langsamkeit rettete ihm höchstwahrscheinlich das Leben: Bei der nachträglichen Spurensuche vor dem Haus des Anwaltes fanden Kriminalisten eine nicht verschossene Patrone, die der Täter aus seiner Pistole, übrigens ein illegal erworbenes russisches Modell, repetiert hatte. Offenbar wurde er des Wartens überdrüssig und brauste stattdessen in den nächsten Stunden durch den Seewinkel.

Das freilich wusste die Polizei zu diesem Zeitpunkt noch nicht. Die Nachricht von den Bluttaten aber verbreitete sich rasch. Schon versammelten sich Medienvertreter und Schaulustige vor Ort. Einsatzleiter Erhart: »Wir mussten ganze Straßen sperren, um dort gefahrlos arbeiten zu können, denn es war ja noch ungewiss, ob der Täter das Dorf schon verlassen hat.« Gemeinsam mit dem Einsatzkommando Cobra durchsuchte man einige Häuser. »Das kostet viel Zeit. Gleichzeitig wächst der Druck durch die Reporter, die beharrlich über den Stand der Ermittlungen informiert werden wollen.«

In diesem Stadium sind die Journalisten dem Oberst herzlich egal. Würde er sich ihnen wunschgemäß widmen, käme seine eigentliche Aufgabe zu kurz. »Eine solche Situation ist äußerst schwierig für alle Polizeikräfte. Die Rettung ist da, die Feuerwehr ist da, die Cobra auch. Und die Tatortbeamten warten schon. Vorher aber müssen die Erhebungsbeamten durch Zeugenbefragungen in Erfahrung bringen, was genau passiert ist. Denn die Spurensicherer brauchen diese Information, damit sie den Sperrkreis ausreichend groß setzen, um keine Spuren zu verwischen. Außerdem muss man Rücksicht auf die Befindlichkeiten der Angehörigen nehmen, auf die Belastungsgrenze der eigenen Leute achten und entsprechende Erholungspausen einhalten. Alles in allem besteht also extremer Koordinierungsbedarf.«

Eine der dringlichsten Maßnahmen war, die alte, demenzkranke Frau zu bergen, der die Leichen ihrer Tochter und ihrer Pflegerin buchstäblich zu Füßen lagen. Der Notarzt und die Sanitäter, die das Schlafzimmer betreten hatten, mussten nach ihren Beobachtungen und ihrem Tun gefragt werden, bevor das Tatortteam mit der Spurensicherung beginnen konnte. »In dieser Phase einer Amtshandlung, in der ich die Medienvertreter notgedrungen links liegen lassen muss, setzt der investigative Journalismus ein: In ihrem Informationsvakuum werden die Reporter selbst aktiv, recherchieren eigenständig, befragen die Nachbarn. So entstehen Gerüchte, mit denen man auch ständig konfrontiert wird. Denn natürlich verfolge ich die Medienberichterstattung mit einem Ohr und achte darauf, dass nicht zu viel Unsinn verbreitet wird«, schildert Erhart die Stressfaktoren seiner Arbeit.

Mittlerweile hatte der Chefermittler die Staatsanwaltschaft und das Gericht verständigt, ein mündlicher Haftbefehl war bereits ergangen, der Erfolgsdruck für die Polizei war hoch. »Um 4.00 Uhr früh entschlossen wir uns, die Medienvertreter in einer Pressekonferenz zu informieren. Ich schilderte den Sachverhalt und gab die Personalien des Gesuchten bekannt. Denn man kann keine Rücksicht auf den Persönlichkeitsschutz nehmen, wenn ein Dreifachmörder frei herumläuft und man nicht weiß, was er noch vorhat.« Auch die Kollegen in den drei dem Burgenland angrenzenden Nachbarstaaten Slowakei, Ungarn und Slowenien wurden benachrichtigt, und die WEGA war in Wien in Bereitschaft.

Die Taktik ging schließlich auf. Gegen 6.00 Uhr morgens kam der Amokläufer in die Bundeshauptstadt. Er parkte, in der Absicht das Fluchtfahrzeug zu wechseln, das Auto seiner Schwester hinter dem eigenen Wagen. Als er ausstieg, griffen die WEGA-Beamten zu. Eine brenzlige Situation, denn der Flüchtige hatte die Hand an der Waffe. Würde er es auf eine wilde Schießerei anlegen? »Es gibt das Phänomen, das wir ›Suicide by cop‹ nennen. Der Täter ist zu feig, sich selbst zu töten, eröffnet das Feuer auf die Polizei und rechnet damit, dass er erschossen wird, wobei er noch einige unserer Leute mit in den Tod reißt«, legt Rainer Erhart dar.

Der burgenländische Amokschütze aber ließ sich nach dreimaligem Zuruf zur Aufgabe überreden und widerstandslos festnehmen. In seiner Einvernahme zeigte er sich ohne Reue. Er stand zu seinen Taten. Der Polizeioberst: »Es war ihm vollkommen bewusst, was er getan hat, wie er es getan hat und warum er es getan hat.«

Die Pflegerin der Mutter mit vier Schüssen in die Brust getötet. Die Schwester mit zwei Kopfschüssen hingerichtet. Die Gemeindesekretärin mit sechs Schüssen niedergestreckt. Da konnte auch der beste Strafverteidiger nichts ausrichten. Der Staranwalt brachte noch ein medizinisches Gutachten bei, wonach der Angeklagte durch eine falsche Medikation gegen seine Zuckerkrankheit in Verbindung mit Alkoholkonsum »biochemisch entgleist« wäre. Das Gericht folgte dieser Argumentation nicht, sondern kam zu dem Schluss, dass der Dreifachmörder vorsätzlich gehandelt hatte. Das Urteil lautete auf lebenslänglich und wurde nach späterer Berufung vom Obersten Gerichtshof bestätigt.

Interessant ist die Überlegung, ob der Täter nach verbüßter Haftstrafe sein Erbe antreten kann. Paragraf fünfhundertvierzig des Allgemeinen Bürgerlichen Gesetzbuches besagt vereinfacht: Wer gegen den Erblasser eine gerichtlich strafbare Handlung begangen hat, ist des Erbes so lange unwürdig, bis der Erblasser ihm vergeben hat. Prinzipiell wäre der Täter erbwürdig, denn er hat ja nichts gegen seine Erblasserin unternommen. Falls jemand einen gerichtlichen Antrag auf seine Erbunwürdigkeit stellen sollte, würde der Entscheid wohl negativ für den Amokläufer ausfallen. Sein möglicher Ausweg wäre, zugunsten seines noch minderjährigen Kindes auf das Geld zu verzichten. All das aber ist graue Theorie, denn vermutlich hat das Vermögen sich ohnehin durch Anwaltshonorare, Verfahrenskosten und Schmerzensgeldforderungen auf ein Minimum verringert.

Fakten und Gedanken

Mord ist in unserer Gesellschaft eine sehr seltene Todesursache.

2007 starben in Österreich 74.625 Menschen, 52 davon wurden ermordet. Demgegenüber stehen 1.280 Opfer von Selbstmord und 702 Tote bei Verkehrsunfällen. Die Zahlen der Jahre davor bewegen sich in derselben Größenordnung (Statistik Austria). In Deutschland zeigt sich ein ähnliches Verhältnis der Todesursachen, nur liegen die jeweiligen Zahlen etwa um den Faktor zehn höher, was den Bevölkerungsgrößen der beiden Staaten entspricht (Deutschland: rund 82 Millionen Einwohner, Österreich: 8,3 Millionen Einwohner).

Mindestens zwei Drittel der Morde in Europa sind Beziehungsdelikte.

Viele Täter und Opfer kennen einander, gehen privat oder beruflich ein Stück ihres Lebensweges miteinander. Dabei sind sie oft so stark durch negative Emotionen verbunden, dass nur rohe

Gewalt das Band durchtrennen kann. Da bringt ein bis dahin unauffälliger Nachbar seine Ehefrau um, da tötet ein an sich umgänglicher Kollege den Chef – seine Freunde und Bekannten hätten ihm das niemals zugetraut. Tötungsdelikte dieser Art haben jedoch fast immer eine jahrelange Vorgeschichte, die der Täter mehr oder weniger erfolgreich vor seinem Umfeld verbirgt.

Mörder sind keine Monster.

Die Kriminologie kennt viele Mordmotive: Habgier, Rache, Neid, Eifersucht und Grausamkeit, um nur einige zu nennen. Wer ehrlich ist, kennt diese Gefühle zumindest ansatzweise von den Schattenseiten seines eigenen Charakters. Die allermeisten Menschen haben gelernt, ihre Impulse zu zügeln. Wenige aber können keine Gegenkräfte entwickeln. Ihre Emotionen stauen sich auf und löschen die Persönlichkeit des anderen aus. Im Augenblick der Tat hat der Mörder sein Einfühlungsvermögen in das Opfer gänzlich verloren, oder wie Psychologen es ausdrücken: Sein Egoismus eskaliert. Nur ein kleiner Teil der Tötungsdelikte geht auf das Konto psychisch Kranker, die überwiegende Mehrheit der Mörder (achtzig Prozent) ist zurechnungsfähig und könnte sich zum Zeitpunkt der Tat gegen das Töten entscheiden. Es sind Menschen, die eine Grenze überschreiten. Die einfache – und bequeme – Entmenschlichung von Verbrechern ist demnach unzulässig.

Neunzig Prozent der Morde werden von Männern verübt.

Es gibt sogar Delikte, die praktisch nur von Männern begangen werden. Oder wie oft hat man schon von einer jugendlichen Amokläuferin gehört? Als Erklärung für männliche Gewalt müssen allzu schnell hormonelle und verhaltensbiologische Ursachen herhalten. Ja, das männliche Geschlechtshormon Testosteron fördert dominantes und aggressives Verhalten. Und ja, unsere männlichen Urahnen durchstreiften jagend die Wildnis. Beide Voraussetzungen gelten aber auch für das Gros der Männer, das niemals straffällig wird. Hingegen werden häufig die über viele Generationen gefestigten Machtverhältnisse missachtet: Traditionelle Rollenbilder gehen von weiblicher Unterordnung aus. Sie fördern die Überzeugung, männliche Vorherrschaft als selbstverständlich zu erachten, und verhindern bei manchen Männern, selbst innere Stärke zu entwickeln. Es sind solche unsicheren Möchtegernpatriarchen, die Familientragödien anrichten, weil sie gleichberechtigte Frauen nicht verkraften. Stellen wir uns vor, die Weltgeschichte hätte bisher im Zeichen des Matriarchats gestanden und wir erlebten in den letzten Jahren die Emanzipation der Männer anstatt umgekehrt. Dann wären es heute vielleicht mehrheitlich Frauen, die sich in Angst um ihre Machtposition brutale Übergriffe auf Männer zuschulden kommen ließen.

Lüs Geheimnis

Mit 'm G'wehr und mit 'm Sturmgepäck,
*liegst an halben Tag im Dreck, weil's der Lü halt so wü.**
Wolfgang Ambros

1. Fragen über Fragen – Die Ermordung eines Freundes

Am 6. Oktober 1981 wurde der ägyptische Staatspräsident und Friedensnobelpreisträger Muhammad Anwar as-Sadat im Alter von dreiundsechzig Jahren während einer Militärparade in Kairo von einem Soldaten seiner eigenen Armee erschossen. Der Attentäter war ein islamischer Fundamentalist und begründete seine Tat damit, dass ein Herrscher, der andere Gesetze als die der Scharia anwendet, kein Muslim mehr sei und rechtmäßig getötet werden dürfe.

An diesem Tag war Karl Lütgendorf, siebenundsechzig, österreichischer Verteidigungsminister außer Dienst und persönlicher Freund Sadats, in seinem Jagdrevier bei Schwarzau im Gebirge unterwegs. Er saß gemeinsam mit seinem damals sechsundzwanzigjährigen Sohn Philipp im Geländewagen, das Autoradio war eingeschaltet. Als man die Nachricht über die Ermordung des ägyptischen Präsidenten brachte, wurde Lütgendorf senior schreckensbleich und sagte mehr zu sich selbst: »Jetzt bin ich der Nächste.«

Auf die Frage, was das zu bedeuten habe, erhielt der Sohn keine Antwort.

Vor wem hatte Karl Lütgendorf Angst?

* Lü = Karl Lütgendorf, 1971 bis 1977 österreichischer Bundesminister für Landesverteidigung; wü = will (Wiener Mundart)

Der Tod im Idyll

Zwischen den höchsten Bergen Niederösterreichs, dem Schneeberg und der Rax, liegt das Höllental. Von Schwarzföhren und Fichten durchzogene Bergwälder, schroffe Felsabbrüche und die grünlich strömende Schwarza prägen den wildromantischen Landstrich. Ein Paradies für Wanderer, Kletterer und Paddler. Hier entspringen zahlreiche Quellen, hier beginnt die Erste Wiener Hochquellenwasserleitung, vom Geologen Eduard Suess geplant und 1873 unter Kaiser Franz Joseph I. feierlich in Betrieb genommen. Sie befördert bis heute Trinkwasser hervorragender Qualität in die neunzig Kilometer entfernte Millionenstadt.

In diesem Idyll, nahe dem nördlichen Eingang ins Höllental bei Schwarzau im Gebirge, verbrachte Karl Lütgendorf, im Volksmund »Lü« genannt, seinen Ruhestand. Das Landgut samt zweihundert Hektar Wald hatte er seinen Schwiegereltern abgekauft. Nun teilte er das Haus mit seiner um dreißig Jahre jüngeren zweiten Frau Emilie (»Emmy«) und dem gemeinsamen Kind.

Am Freitag, dem 9. Oktober 1981 war der pensionierte Minister durchaus guter Dinge. Beim einfachen Frühstück, bestehend aus Kaffee, Buttersemmel und Orangensaft, las Lütgendorf die Morgenzeitungen. Er folgte den Berichten über die Ermordung Sadats, sah die Fotos des US-Präsidenten Ronald Reagan, der erschüttert des Toten gedenkt, und des grinsenden PLO-Chefs Jassir Arafat, der das Victory-Zeichen macht. Den Vormittag verbrachte Lütgendorf mit Routinearbeiten. Er fuhr in ein Waldstück, das er vor Kurzem um 2,6 Millionen Schilling ersteigert hatte, sprach mit Arbeitern, die eine Forststraße für ihn bauten, bezahlte Forstgehilfen aus, erledigte Formalitäten mit einem Beamten der Landesregierung.

Gegen Mittag kam Lütgendorfs Gutsverwalter ins Haus, um seinen Arbeitsbericht unterschreiben zu lassen. Im Flur wurde der Verwalter Ohrenzeuge einer Auseinandersetzung, die sich im Arbeitszimmer des Exministers zutrug. Er hörte laute Stimmen, konnte aber nicht erkennen, was gesprochen wurde. Auch wem die Stimmen gehörten, konnte der Mann nicht feststellen. Später sagte er, Lütgendorf und dessen Frau seien im Raum gewesen, als er anklopfte und eintrat. Ob noch jemand anderer an dem Streit beteiligt war, darauf wollte sich der Verwalter nicht festlegen. Jedenfalls sei Karl Lütgendorf sehr in Eile gewesen und hätte kurz darauf sein Anwesen verlassen. Er verhielt sich, als habe er einen wichtigen Termin. Ohne sich von seiner Frau zu verabschieden, setzte er sich in seinen grünen Lada Taiga und fuhr auf einer Forststraße zu einem Wendeplatz tief im Wald, wo er etwa zehn Meter von einer Jagdhütte entfernt seinen Wagen parkte. Dort, genauer gesagt am Obersberg, fiel der tödliche Schuss.

Weshalb gerade an dieser Stelle? Wollte Lütgendorf sich hier noch rasch vor dem Mittagessen mit jemandem treffen? Und mit wem hatte er kurz zuvor gestritten?

Die Ehefrau entdeckt die Tat

Als ihr Mann, den sie »Cary« nannte, gegen 13.00 Uhr nicht zum Mittagessen erschien, machte Emmy Lütgendorf sich auf die Suche nach ihm. Ihr Stiefvater, der gerade aus dem Ort kam, sagte, er habe Lütgendorf in Schwarzau nicht gesehen. Daher folgte Emmy der Forststraße in Richtung Hirschbach und wurde fündig. Karl Lütgendorf saß mit Blut im Gesicht hinter dem Lenkrad seines Lada Taiga und gab kein Lebenszeichen von sich. Hier ein Ausschnitt aus dem Polizeibericht über die Vernehmung der Ehefrau:

»Sie gab einleitend an, mit Karl Lütgendorf seit drei Jahren verheiratet zu sein, jedoch seit insgesamt zehn Jahren mit ihm zusammengelebt zu haben. Am 9.10. teilte sie ihm gegen 13.00 Uhr mit, dass das Mittagessen fertig sei. Jedoch kam ihr Gatte nicht zum Essen ins Zimmer, und sie hörte ein Fahrzeug wegfahren. Ihre Annahme war nun, ihr Gatte sei in die Ortschaft zum Auftanken gefahren. Dies kam ihr

etwas außergewöhnlich vor, da er normal immer zum Essen erschien, wenn ihm dies mitgeteilt wurde. Dann vermutete sie, ihr Gatte sei die Forststraße hinaufgefahren, um noch etwas zu besichtigen, wobei sie befürchtete, dass ihm, wie bereits öfters, das Benzin ausgegangen sei. Deshalb fuhr Frau Lütgendorf mit dem Pkw ihres Stiefvaters auf der Forststraße in Richtung Hirschbach, wo sie nach circa fünf Kilometern den Lada Taiga ihres Mannes bemerkte.

Emilie Lütgendorf dürfte ihrer Meinung nach gegen 13.30 Uhr am Auffindungsort eingetroffen sein. Sie holte noch den ungefähr eineinhalb Kilometer entfernt arbeitenden Florian K. herbei, und beide fuhren nach Schwarzau zurück. Mit dem Gemeindearzt Doktor Harald Schramm begab sie sich dann abermals zur Auffindungsstelle. Der Mediziner konnte nur mehr den bereits eingetretenen Tod ihres Gatten feststellen.

Frau Lütgendorf erklärte auch, dass ihr Gatte die Gewohnheit hatte, eine Pistole in seinem Fahrzeug mitzuführen. Bemerkt wird, dass ihr der Unterschied zwischen Pistole und Revolver nicht bekannt ist.«

Der Tod ihres Mannes sei ihr unfassbar, gab die Ehefrau zu Protokoll. Und: Zu einer Auseinandersetzung zwischen ihr und ihrem Mann sei es am 9.Oktober 1981 nicht gekommen. Auffallend ist, dass Emilie Lütgendorf sofort in das richtige Waldstück gefahren war und sie nach dem Auffinden ihres offenkundig toten Mannes nicht die Gendarmerie alarmiert hatte, obwohl sie bei ihrer Rückkehr in den Ort beim Posten vorbeigefahren war.

Weshalb benötigte sie dafür die Assistenz ihres Hausarztes?

Der Arzt verständigt die Gendarmerie

Doktor Harald Schramm sagte aus, dass Emilie Lütgendorf schätzungsweise gegen 13.30 Uhr in seiner Ordination angerufen habe. Seine Gattin habe das Gespräch entgegengenommen und ihm mitgeteilt, er möge zu Frau Lütgendorf kommen, weil etwas passiert sei, das sie am Telefon nicht sagen könne. Wenig später kam der Forstarbeiter Florian K. zu Schramm und sagte ihm, Karl Lütgendorf habe sich umgebracht. Darauf fuhr der Arzt zum Wohnhaus und weiter mit Frau Lütgendorf zu jener Stelle, an der sich der Tote befand. Sie trafen um 14.15 Uhr dort ein. Der Motor des Wagens war abgestellt. Karl Lütgendorf saß aufrecht auf dem Lenkersitz, der Kopf war vornüber geneigt, und aus dem Mund und aus dem linken Ohr floss dunkles Blut. Der Nacken war stark aufgetrieben, das Gesicht entstellt und bläulich verfärbt, aus dem Mund ragten Reste einer Zahnprothese.

»Aufgrund der Besichtigung der Leiche kann ich sagen, dass der Tod durch einen Schuss in den Mund und durch Verletzung der lebenswichtigen Zentren des Gehirns eingetreten ist. Die Hände lagen auf den Oberschenkeln und hielten einen Trommelrevolver umfasst«, erklärte Doktor Schramm im Protokoll seiner Vernehmung. Da die Körpertemperatur noch warm und die Totenstarre noch nicht eingetreten war, konstatierte er, dass der Tod zwischen 13.00 und 13.15 Uhr eingetreten sein dürfte. »Wir fanden nur einige Holzrechnungen, aber keinen Abschiedsbrief. Wir suchten auch nicht so intensiv, dass wir etwa im Inneren des Fahrzeuges Veränderungen vorgenommen hätten. Was die Türen des Kfz betrifft, kann ich sagen, dass die Fahrertür geschlossen, aber nicht versperrt war. An der rechten Tür probierte ich nicht.«

Schließlich kehrte Doktor Schramm nach Schwarzau zurück, wo er den Gendarmerieposten unbesetzt vorfand. Deshalb wählte er die Notrufnummer, und sein Anruf landete in der Dienststelle Neunkirchen.

Emilie Lütgendorf sprach davon, dass sie ihren Mann »gegen 13.30 Uhr« gefunden hatte. Doktor Schramm setzte die Todeszeit mit »13.00 bis 13.15 Uhr« fest. Die Ehefrau musste die Abgabe des tödlichen Schusses nur um wenige Minuten verpasst haben.

Warum war sie ihrem Mann so rasch gefolgt? Weshalb war sie

nicht bei ihm geblieben, sondern gemeinsam mit Florian K. nach Schwarzau zurückgefahren, anstatt den Forstarbeiter allein in den Ort zu schicken?

Keine Hinweise auf Fremdverschulden

Gegen 16.00 Uhr traf der Kommandant des Gendarmeriepostens Reichenau an der Rax, Abteilungsinspektor Josef Burger, mit einem Kollegen bei dem Toten ein. »Minister Lütgendorf, der mir auch persönlich bekannt war, ist im Auto gesessen, und mir war sofort klar: Da ist nichts mehr zu retten.«

Für Josef Burger, den ersten Gendarmen am Tatort, wies von Anfang an alles auf einen Suizid hin. »Ich hab die Tür aufgemacht und gesehen, der Minister Lütgendorf sitzt in etwas vorgeneigter Haltung auf dem Fahrersitz. Der Mund war offen, das Blut ist über die Brust geronnen, und die Waffe im Schoßbereich gelegen. Auf alle Fälle hat er mir nicht den Eindruck gemacht, dass sich da vorher ein Kampf abgespielt hätte. Für mich war eindeutig, dass er Selbstmord begangen hat.«

Burger sicherte den Tatort und verständigte wie bei jedem bedenklichen Todesfall und »mit Rücksicht auf die Person des Toten«, so vermerkte er später in seinem Bericht, die Kriminalabteilung für Niederösterreich.

Und die übergeordnete Behörde bot ihre sämtlichen Kapazitäten auf. Unter ihnen war der Kommandant der Kriminalabteilung Oberst Alfons Traninger, der Chef der Mordkommission Abteilungsinspektor Ferdinand Rotter, der Leiter des Kriminalpolizeilichen Dienstes der niederösterreichischen Sicherheitsdirektion Hofrat Hermann Liepold, sogar der zuständige Staatsanwalt Erwin Breitenlacher erschien im Gebirgswald bei Schwarzau.

Vor deren Ankunft aber kamen Abteilungsinspektor Erich Zoglmann, sein vierköpfiges Tatortteam und ein Fotograf. Damals, im Oktober 1981, konnte Zoglmann bereits auf dreißig Jahre Erfahrung in der Tatortarbeit zurückblicken, er hatte Hunderte Leichen gesehen. Auch diesmal suchten er und seine Leute die Umgebung gewissenhaft nach Spuren ab. Zentimeter um Zentimeter leuchteten sie den Waldboden mit Scheinwerfern aus, denn mittlerweile war es Nacht geworden. Die Männer vom Erkennungsdienst suchten nach Blut-, Schuss- und Schleifspuren, nach irgendwelchen Anhaltspunkten, die den Schluss hätten zulassen können, dass der Tod außerhalb des Wagens erfolgt und Lütgendorf in das Fahrzeug gesetzt worden wäre. Nichts.

»Wir haben nichts gefunden«, bekräftigt Tatortchef Erich Zoglmann heute das damalige Ergebnis. »Blutspuren gab es nur im Wagen.« Der Fundort war also mit Sicherheit der Tatort. Auch die Schmauchspuren an den Innenseiten der Autofenster sprachen eine eindeutige Sprache: Der Schuss war im Inneren des Lada Taiga abgefeuert worden. Zudem bewies die Blutspur, die aus dem linken Ohr in einer dünnen Linie über die Wange lief, dass der Tote nicht bewegt worden war. Das gesamte Spurenbild deutete auf einen Freitod des einstigen Verteidigungsministers hin. Doch welchen Grund für einen Selbstmord hätte Karl Lütgendorf gehabt? Hatte vielleicht jemand aus dem Wagen einen Abschiedsbrief entfernt?

Auch der Pathologe ist sich sicher

Auf Anordnung des Kreisgerichts Wiener Neustadt wurde der Leichnam in das dortige Krankenhaus überstellt, wo der Pathologe Ernst Schenk die Obduktion durchführte.

»Karl Lütgendorf ist infolge Schussbruches der oberen Halswirbelsäule mit Zertrümmerung des Rückenmarkes aus gewaltsamer Ursache gestorben«, stellte Schenk in seinem Gutachten fest.

Laut des Ergebnisses der Leichenöffnung hatte Lütgendorf sich die Schussverletzung nach dem Einführen seines Revolvers in den Mund beigebracht. Tatwaffe war eine Smith & Wesson .357

Magnum mit großkalibrigen, sogenannten Hollow-Point-Geschossen (Hohlspitzgeschossen). Bei der Obduktion war auch ein Sachverständiger der Kriminaltechnischen Zentralstelle des Innenministeriums anwesend. Er führte eine Schusshandbestimmung durch und fand Schmauchspuren an beiden Händen Lütgendorfs. Danach nahmen die Tatortbeamten dem Toten die Fingerabdrücke ab.

Im pathologischen Gutachten heißt es im Detail:

»Der Einschuss fand sich im Bereiche der Rachenhinterwand, der anschließende Schusskanal verlief von hier ausgehend bis in die Nackenweichteile. Anteile des zersplitterten Projektils fanden sich in der Mundhöhle, insbesondere aber am Ende des Schusskanals. Die Schussverletzung hat einerseits zu einem Trümmerbruch des ersten und zweiten Halswirbels mit vollständiger Zertrümmerung und Abquetschung des entsprechenden Anteiles vom Rückenmark, andererseits zu Brüchen des Gesichts- und Hirnschädels mit Gehirnquetschung geführt. Verletzungsfolge ist die allgemeine Blutarmut der Organe, die Bluteinatmung in die Lunge sowie die mikroskopisch nachgewiesene geringe Fettembolie der Lunge.

Die Leichenöffnung ergab im Weiteren einen dem Lebensalter entsprechenden unauffälligen Organbefund. Nach dem beiliegenden Befund des Instituts für Gerichtliche Medizin der Universität Wien war im Blut kein Alkohol nachzuweisen.

Die Schussverletzung hat ihrer allgemeinen Natur nach zum Tode geführt, dessen Eintritt auch bei sofortiger und sachgemäßer ärztlicher Hilfeleistung nicht hätte abgewendet werden können. In Würdigung aller Umstände des Falles handelt es sich um einen Selbstmord.«

Ernst Schenk war ein in gerichtsmedizinischen Fragen sehr erfahrener Pathologe. Warum ließ er den Mageninhalt nicht analysieren?

Aufkeimende Zweifel

Am folgenden Tag, dem 10. Oktober, berichteten die Medien in großer Aufmachung über den Tod des früheren Regierungsmitglieds. Die Journalisten rätselten über ein Selbstmordmotiv, doch bald tauchten auch Vermutungen auf, es könnte Mord gewesen sein. Zumal in den Tagen vor dem traurigen Ereignis niemand Auffälligkeiten an Lütgendorfs Verhalten bemerkt hatte. Am Sonntag, dem 4. Oktober, war der Siebenundsechzigjährige noch beschwingter Laune zu Gast bei der Hochzeit des Exschirennläufers Karl Schranz in Sankt Anton am Arlberg gewesen.

Udo Proksch, Geschäftemacher, Playboy und Politikerfreund, ließ sich gegenüber dem Kurier zur Koketterie herbei: »Erst vor einer Woche bin ich mit ihm im Lütgendorf-Salon im Demel gesessen. Er hat blendend ausgesehen, war bester Dinge und überhaupt nicht deprimiert.«

Auch die Familie des einstigen Artilleriegenerals glaubt bis heute nicht an Selbstmord. Allen voran Philipp Lütgendorf, der jüngste Sohn des Exministers aus erster Ehe. Er ist fest überzeugt, dass sein Vater ermordet wurde. In der Fernsehsendung »Tat-Sachen« schildert der Sohn zum Teil in seine Kindheit zurückreichende Begebenheiten, die Licht auf den Charakter Karl Lütgendorfs werfen und die Mordtheorie untermauern sollen: »Ich kann mich gut erinnern, wie er am Schreibtisch gesessen ist und in ein kleines Büchlein geschrieben hat: Socken Philipp – 5,20 Schilling. Das hat mir großen Eindruck gemacht. ›Was machst du da, Papi?‹, hab ich gefragt, und er hat geantwortet: ›Man muss im Leben alles korrekt verzeichnen.‹« Es sei nahezu unmöglich, meint Philipp Lütgendorf sinngemäß, dass es weder ein Testament noch Abschiedsbriefe gegeben habe. »Daher ist für mich ganz klar: Es wurde hier nachgeholfen.«

Weiters erscheint den Angehörigen unverständlich, dass sie den Toten nach der Obduktion in Wiener Neustadt nicht mehr sehen durften, um von ihm Abschied zu nehmen. Die Krankenhausverwaltung soll diese Maßnahme mit einer Weisung begründet haben, die Justizminister Christian Broda »aus staatspolitischen Gründen« erteilt hatte: Niemand dürfe die Leiche Lütgendorfs sehen. Vielleicht wollte das Krankenhauspersonal den Verwandten aber auch nur den erschreckenden Anblick des Erschossenen ersparen.

Eine Woche später, am 17. Oktober 1981, fand das offizielle Abschiednehmen statt. Nach einem Requiem in der Kirche von Schwarzau überführte man die sterblichen Überreste des ehemaligen Verteidigungsministers auf einer Lafette zum nahen Ortsfriedhof. Die engsten Verwandten folgten dem Sarg, das Bundesheer marschierte auf, Politprominenz fand sich beim Begräbnis ein. Unter den Trauergästen waren Vizekanzler Fred Sinowatz und der amtierende Verteidigungsminister Otto Rösch, der die Trauerrede hielt. Die Musik des Gardebataillons spielte das Lied vom »Guten Kameraden« und dann den letzten Zapfenstreich.

Bereits nach weiteren drei Wochen, am 11. November, wurde das Untersuchungsverfahren gegen unbekannte Täter eingestellt. Die Begründung des Staatsanwalts lautete: »Der Bundesminister a.D. Karl Lütgendorf hat am 9. Oktober gegen 13.30 Uhr im Gemeindegebiet Schwarzau im Gebirge Selbstmord durch Erschießen verübt. Dies steht aufgrund der nunmehr abgeschlossenen Erhebungen des Landesgendarmeriekommandos von Niederösterreich, der Ergebnisse des im Beisein eines Vertreters der Staatsanwaltschaft durchgeführten Lokalaugenscheins, der vorgenommenen Schusshandbestimmung und des eingeholten gerichtsmedizinischen Gutachtens fest. Ein Motiv für den Selbstmord konnte allerdings nicht in Erfahrung gebracht werden.«

Weshalb hatte man es so eilig, die Akten zu schließen?

Es brodelt in der Gerüchteküche

Philipp Lütgendorf stößt sich daran, dass der Mageninhalt nicht untersucht wurde. Der Sohn geht davon aus, dass sein Vater betäubt und dann erschossen wurde. »Der Papi war kein Diplomat. Er hat einmal verlauten lassen: ›Ich werde meine Memoiren schreiben, und da werden in Österreich einige Leute zittern und hinter Gitter wandern – auch sehr einflussreiche!‹«

Die Verfechter der Mordtheorie führen jedoch nicht nur drohende Äußerungen des Exministers ins Treffen. Die Mörder, behaupten sie, hätten sich ohne Weiteres in der nahe gelegenen Jagdhütte verstecken können.

»Bei dieser Jagdhütte hat es sich um ein kleines Rasthaus für Forstarbeiter gehandelt«, erläutert Tatortchef Erich Zoglmann. »Es war abgesperrt, Karl Lütgendorf hatte den Schlüssel dafür nicht bei sich, und Spuren eines Einbruchversuchs waren nicht vorhanden. Bei der Anfertigung der Tatortskizze wurde die Hütte vermessen. Dabei konnten wir keine Auffälligkeiten feststellen. Auch später entdeckten Forstarbeiter keinen Einbruch und erwähnten niemals das Fehlen des Schlüssels.«

Hätten die Mörder nicht sang- und klanglos im Wald verschwinden können?

»Wir haben die Umgebung wie immer gründlich abgesucht und keine Hinweise gefunden. Der Fahrweg zum Leichenfundort führte mitten durch Lütgendorfs Anwesen zwischen dem Wohnhaus und einigen Scheunen hindurch, Fremde wären aufgefallen. Ein Aufstieg zu Fuß hätte durch steil ansteigendes Gelände geführt und sehr lange gedauert. Vom Tatort hatte man übrigens freie Sicht auf einen Teil des Anwesens, Lütgendorf soll sich gerne dort aufgehalten haben.«

Und wie verhält es sich mit einer möglichen Betäubung des Opfers?

Erich Zoglmann antwortet mit einer Gegenfrage: »Wie betäubt man jemanden?«

Indem man ihn auf den Schädel schlägt zum Beispiel.

»Da hätte man am Kopf der Leiche zumindest Hämatome finden müssen. Die waren aber nicht vorhanden.«

Man hätte Lütgendorf auch eine Spritze verabreichen können.

Darauf erwidert Zoglmann: »Bei einer gerichtlichen Obduktion schauen sich nicht nur der Pathologe, sondern auch der Seziergehilfe und die Kriminalbeamten den bekleideten und dann entkleideten Leichnam an. Besonders in den Jahren ab 1975 bis 1980 war man bei diesen Untersuchungen des entkleideten Toten wegen Spuren im Zusammenhang mit Suchtgift sehr genau. An der Leiche Karl Lütgendorfs gab es keine Einstichstelle, und in seinem Blut fanden sich keine Betäubungsmittel.«

Und wie steht es mit dem nicht untersuchten Mageninhalt? Man hätte Lütgendorf das Mittel ja auch durch den Mund einflößen können.

»Dazu hätte man ihn festhalten müssen. Lütgendorf war diszipliniert und durchtrainiert, er hätte sich gewehrt. Es gab aber weder Spuren eines Kampfes noch Druckstellen an der Leiche. Die hätten sich besonders an den Oberarmen finden müssen, wenn Lütgendorf gewaltsam festgehalten worden wäre. Außerdem hätte sich das alles im Wagen abspielen müssen, und der Raum in einem Lada Taiga ist sehr beengt. Ein Angriff hätte logischerweise außerhalb des Wagens erfolgen müssen. Die feinen, gleichmäßig verteilten Staubspuren am Lada zeigten keine Verwischungen, vor allem im Bereich der Türen war nichts zu finden.«

Die Anhänger der Mordtheorie, übrigens durchwegs medizinische und kriminalistische Laien, bekritteln überdies den Zustand der Tatwaffe. Dazu schreiben Kurt Tozzer und Günther Kallinger in ihrem 1999 im Niederösterreichischen Pressehaus veröffentlichten Buch »Todesfalle Politik«:

»Verwunderlich ist auch ein Aktenstück der NÖ-Sicherheitsdirektion. Am 12. Oktober schicken die Kriminalisten den Revolver Lütgendorfs in die Kriminaltechnische Zentralstelle im Innenministerium. Fein säuberlich wird auf dem Formular vermerkt, dass sich fünf Patronen und eine Hülse in der Waffe befinden, dass Blutspuren am Lauf und auf den Patronen festgestellt wurden. In der Rubrik ›Vorhandene Fingerspuren‹ setzen die Kriminalisten aber das

Wort ›Nein‹ ein. Da aber Lütgendorf keine Handschuhe getragen hat, müssten zumindest seine Abdrücke auf der Waffe festgestellt worden sein […]. Wenn beim Ausfüllen des Formulars kein Fehler passiert ist, so würden die nicht vorhandenen Fingerabdrücke einen einzigen Schluss zulassen: Der von Abdrücken gesäuberte Revolver wurde von einem Unbekannten nach dem Todesschuss Lütgendorf in die Hand gelegt. Und das hieße: Mord.«

Tatortchef Erich Zoglmann, einer der erwähnten Kriminalisten, entgegnet: »Der Revolver war mit Schleim, Speichel, besonders aber mit Blut stark verschmiert. Außerdem gab es geringe Ölspuren von der Waffenpflege. Das bewirkt, dass Fingerabdrücke nicht unbedingt verwertbar sind. Bei Fingerspuren auf Waffen ist es nicht so einfach wie im Fernsehkrimi, wo man sogar übereinandergelagerte Abdrücke den verschiedenen Personen zuordnen kann.«

Für manche Kritiker gibt ebenso die Tatsache Rätsel auf, dass einige Zähne und Gewebeteile des Kiefers durch die Gewalt des Schusses nach innen und in den Nacken geschleudert worden waren. Das würde bedeuten, meinen sie, dass Lütgendorf den Revolver an die geschlossenen Zähne gedrückt habe. Und wer würde sich schon auf diese Art erschießen? Bei einem Schuss in den geöffneten Mund wären die Zähne jedenfalls nach außen geschleudert worden.

»Genau das ist auch geschehen«, sagt einer, der es wissen muss, weil er den Tatort dokumentiert hat. Abteilungsinspektor Zoglmann: »Ein Teil der Zahnprothese und ein Teil der Lippe lagen neben Lütgendorfs Schuhen im Fußraum des Wagens.«

Und weshalb war das Geschoss, wie normalerweise bei einem Schuss aus nächster Nähe, nicht an der Schädelrückseite ausgetreten?

»Da erinnere ich daran, dass Lütgendorf Hollow-Point-Munition verwendet hat, die beim Auftreffen auf einen Knochen zersplittert und so übrigens das Ausmaß der Verletzung vergrößert.«

Wurde eigentlich jemals von höherer Stelle auf seine, Zoglmanns, Arbeit Einfluss genommen? Übte man etwa von politischer Seite Druck auf die Ermittler aus? »Nie. In meiner ganzen Laufbahn nicht. Nur ein einziges Mal wollte bei einem anderen Fall der Bürgermeister eines kleinen Ortes einen Gemeinderat schützen. Diesem Herrn habe ich aber ordentlich meine Meinung gesagt.«

Wie erwähnt beendete man die Ermittlungen zum tragischen Tod Karl Lütgendorfs offiziell am 11. November 1981. Als 1989 jedoch das Bekanntwerden der Lucona-Affäre für großen Aufruhr sorgte und ein Zusammenhang mit Lütgendorf ersichtlich wurde, öffnete man den Akt über den Exverteidigungsminister wieder. Der Leiter des Wiener Instituts für Gerichtliche Medizin, Professor Wilhelm Holczabek, sollte die neuerliche Untersuchung durchführen. Acht Jahre zuvor hatte die Justiz sich noch mit einer Obduktion im Krankenhaus Wiener Neustadt begnügt – aus Lokalpatriotismus, wie Insider wissen. Aber auch Holczabek kam zum selben Ergebnis wie seinerzeit Ernst Schenk, sein Kollege aus der Provinz: Medizinisch spricht alles für einen Selbstmord.

Auch Ingo Wieser, einer der führenden Schießsachverständigen des Landes, prüfte gemeinsam mit Holczabek auf Weisung des Justizministeriums den Tod Lütgendorfs noch einmal sorgfältig. Allerdings glaubte er zunächst an einen Mord, denn die Waffe war in den Händen des Toten gelegen. Wieser dazu: »Ein Verbleiben in der Hand lässt bei einem Sachverständigen prinzipiell die Alarmglocken schrillen, weil in circa siebzig bis achtzig Prozent der Fälle wird sie aus der Hand geschleudert.« Wurde der Revolver dem Toten erst nach der Tat in die Hand gelegt?

Nein. Denn: »Die Waffe wurde durch den Mund, den Oberkiefer und den Zeigefinger der linken Hand massiv abgebremst, wie auch das deutliche Hämatom am ersten Glied des linken Zeigefingers belegt.«

In einem Experiment stellte Wieser die Bedingungen bei der

Schussabgabe nach. Dafür verwendete er einen in Gelatine eingegossenen Schweineknochen und schnitt eine künstliche Mundhöhle aus. Gelatine ist in seinen Eigenschaften dem menschlichen Gewebe sehr ähnlich, der Schweineknochen simulierte im Schussversuch die Halswirbelsäule. Dann erfolgte die Schussgabe mit der Tatwaffe, wobei die Geschwindigkeit des Projektils und die Druckverhältnisse gemessen und aufgezeichnet wurden: Eine primäre Wundhöhle bildete sich. In der Mundhöhle dehnte sich das Gewebe kurzfristig um das siebenunddreißigfache aus, was die mit freiem Auge sichtbare Zerstörung hervorrief. Das Hollow-Point-Geschoss zersplitterte beim Aufprall auf dem Knochen, auch in der Simulation trat das Projektil nicht aus. Ingo Wieser bestätigte die Untersuchungsergebnisse von 1981: Es war Selbstmord – so schmerzlich es auch für die Angehörigen sein mag.

Die Verfechter der Mordvariante aber warten noch mit einer weiteren Unstimmigkeit auf. Sie beanstanden, dass an beiden Händen Lütgendorfs »schwach sichtbare flächenförmige« Bleispuren festgestellt wurden. Hatte er die Waffe mit beiden Händen gehalten, oder hatte er nicht vielleicht doch im letzten Moment versucht, den ihm angesetzten Revolver wegzudrücken?

Der Pathologe und Autor Hans Bankl, der nach dem Studium des Falles ebenfalls zu dem Schluss kam, dass es Selbstmord war, lieferte in seinem 2001 erschienenen Buch »Im Rücken steckt das Messer« eine schlüssige Antwort:

»Um den Lauf dieses großkalibrigen Revolvers in den Mund zu stecken, muss man die Waffe umdrehen, wobei der Griff nach oben zeigt, und mit dem Daumen abziehen. Am Lenkersitz des Lada Taiga ist es nicht sehr geräumig, sodass der Revolver am einfachsten mit beiden Händen vor der Brust gehalten wird und der Schütze den Kopf darüber beugt. Das Projektil trifft dann die Rachenhinterwand und das oberste Halsrückenmark.«

Bankls Erklärung deckt sich mit der Auffindungssituation: Lütgendorfs rechter Daumen war im Abzugsbügel eingehakt, seine linke Hand lag über der rechten.

Doch Sohn Philipp gibt sich nach wie vor nicht geschlagen. »Ich bin überzeugt, dass mein Vater umgelegt wurde. Er war ein Militär mit Leib und Seele. Er hätte sich die Waffe an den Kopf gehalten, das ist eine Tradition. Ein Offizier schießt sich nicht in den Mund.«

Tatsächlich?

2. Versuch einer Antwort – Wer war Karl Lütgendorf?

Am 15. Oktober 1914 erblickte Karl Freiherr von Lütgendorf in Brünn, heute Tschechische Republik, das Licht der Welt. Als Spross eines aus Graz stammenden k. & k. Generals war für ihn die Offiziersausbildung vorgegeben, der Bub absolvierte die Wiener Neustädter Militärakademie und wurde 1937 als Leutnant ausgemustert. Der junge Mann diente zunächst in der deutschen Wehrmacht, später machte er – ohne Parteibuch – rasch Karriere im österreichischen Bundesheer, wo er 1966 zum Brigadier avancierte und als strenger Pragmatiker galt, als Soldat vom Scheitel bis zur Sohle.

Karl Lütgendorf (1914–1981), Bundesminister für Landesverteidigung von 1971 bis 1977.

Mit seiner ersten Frau Susanne hatte er drei Kinder, zwei Söhne und eine Tochter. Diese Ehe wurde geschieden, nachdem Lütgendorf schon längere Zeit mit einer anderen Frau, Emilie Dietzer, zusammengelebt und mit ihr einen Sohn hatte. Im Oktober 1978 schließlich heiratete er Emmy.

Wie wurde Lütgendorf Verteidigungsminister?

Als Bundeskanzler Bruno Kreisky 1970 sein umstrittenes erstes Kabinett bildete, bekam er bald auch Probleme mit dem Ressort für Landesverteidigung. Kreisky hatte im Nationalratswahlkampf mit dem Slogan »Sechs Monate sind genug« für eine Verkürzung des Grundwehrdienstes von neun auf sechs Monate geworben, und sein Verteidigungsminister General Johann Freihsler sollte das Versprechen nun umsetzen. Damit war der Offiziersaufstand vorprogrammiert, denn das Heer fürchtete um seinen Bestand. Die Proteste aus den eigenen Reihen setzten dem Herzen Freihslers so heftig zu, dass er Anfang Februar 1971 aus Krankheitsgründen zurücktrat. Weil er vorerst keinen Ersatz finden konnte, musste der Zivilist Kreisky vier Tage lang selbst in die Rolle des Verteidigungsministers schlüpfen.

Doch wie der Zufall und die Seilschaften der Mächtigen es wollten, nahm der Bundeskanzler in jenen Tagen eine Einladung zum Abendessen beim Brillenfabrikanten Wilhelm Anger an. In dessen Luxusvilla anwesend war auch der sechsunddreißigjährige Designer Serge Kirchhofer, der für Anger Ende der fünfziger Jahre die Skibrille Carrera entworfen hatte und durch sein ausschweifendes Leben als skurriler Aufputz der Adabei-Gesellschaft bekannt war. Neuerdings beschäftigte er sich mit der Konstruktion von mobilen Plastik-Auswurfmaschinen, die schnell und überall Bauten für militärische Zwecke erzeugen sollten. Serge Kirchhofer, richtiger Name Udo Proksch, blitzte mit seinem »Military Project« bei allen Militärs ab, lediglich der Ausbildungsleiter des österreichischen Bundesheeres gab ihm einen Auftrag. Richtig: Das war Brigadier Karl Freiherr von Lütgendorf. Exakt diesen schlug Udo Proksch beim Abendessen mit dem Brillenfabrikanten Anger dem Bundeskanzler als zukünftigen Verteidigungsminister vor.

Kreisky witterte seine Chance. Mit dem adeligen Altösterreicher und zackigen Artilleriegeneral hatte er den richtigen Mann für das Umsetzen der umstrittenen Bundesheerreform gefunden. Und Udo Proksch hatte nun einen Vertreter in der Regierung, der ihm zu Dank verpflichtet war.

Einzig der Vater des designierten Ministers konnte sich über den Karrieresprung seines Sohnes nicht freuen. Als Lü dem alten Herrn die Neuigkeit am Telefon mitteilte, erhielt er die tadelnde

Antwort: »Ich schäme mich. Denn du dienst keinem Kaiser, sondern einer Republik. Gott schütze Österreich.«

Wer hatte Vorbehalte gegen Lütgendorf?

Zunächst gab es ein Problem: Bruno Kreisky drängte Karl Lütgendorf, er möge der SPÖ beitreten. Der General aber, der Parteibücher verabscheute, weigerte sich nicht nur, sondern verlangte von seinem Duzfreund, dem Bundeskanzler, dass er ihn der Öffentlichkeit ausdrücklich als parteiunabhängigen Fachminister präsentieren müsse. Kreisky gab klein bei, er hatte keine andere Wahl.

Beim Bundespräsidenten Franz Jonas aber setzte »Sonnenkönig« Kreisky sich durch. Jonas, ein Sozialist bis ins Mark, hatte den Bürgerkrieg 1934 mitgemacht, in dem das Bundesheer auf die Arbeiter gefeuert hatte. Von der Nominierung eines Militärs, eines Aristokraten noch dazu, war er alles andere als begeistert.

Seine Rede bei der Angelobung Lütgendorfs fiel daher ziemlich unterkühlt aus: »Herr Bundesminister, Sie übernehmen ein Amt, das zu allen Zeiten schwer war, aber es ist jetzt durch die sehr lebhafte Diskussion, die in der ganzen Bevölkerung stattfindet und die zweifellos auch zu wirtschaftlichen und politischen Konsequenzen führt, eine sehr schwierige Aufgabe. Ich wünsche Ihnen dabei viel Erfolg. Ich weiß, Herr Bundesminister, dass Sie schon bisher Ihre Aufgaben mit der größten Gewissenhaftigkeit erfüllt haben. Und das hat den Herrn Bundeskanzler ermutigt, Sie vorzuschlagen, und das hat mich bestimmt, diesem Vorschlag zuzustimmen. Ich wünsche Ihnen, Herr Bundesminister, recht viel Erfolg.«

Darauf Lütgendorf, kurz und bündig: »Ich danke vielmals, Herr Bundespräsident. Sie werden überzeugt sein können, dass ich mein Bestes tue für einen Wiederaufbau des österreichischen Bundesheeres zu Gunsten der Republik Österreich.«

Wie erwartet stieß Lütgendorf bei der Umsetzung der Heeresreform auf interne Widerstände. Dazu ist auf der Website des Verteidigungsministeriums in den Ausführungen von General i. R. S. Albert Bach zu lesen:

»Lütgendorf hatte manche Fähigkeiten, die systematische und vertrauensvolle Zusammenarbeit als Minister mit den [...] höchsten Offizieren gehörte leider nicht dazu. Er neigte dazu, auch Entschlüsse größter Tragweite [...] allein zu treffen, woraus sich große und an sich vermeidbare Schwierigkeiten ergeben sollten.

Die Einführung der Wehrdienstzeitverkürzung erforderte eine weitgehende Umgliederung des Bundesheeres. [...] Der Bundesminister hatte sich nun durch seine eigenwillige und voreilige Einreichung seiner Planung an den Landesverteidigungsrat in eine schwierige Situation begeben. [...] Diese an sich schon schwierige Lage wurde durch den Führungsstil und bestimmte Maßnahmen des Bundesministers Lütgendorf noch weiter erschwert. Es kam zu einer ernsten Führungskrise im Bundesheer. [...] Meine großen Differenzen zu den Planungen und Maßnahmen des Bundesministers Lütgendorf haben mich bewogen, Ende 1972 in den dauernden Ruhestand zu treten.«

Die damalige Heeresreform fiel für die Rekruten im Übrigen nicht ganz so einschneidend aus wie in der Wahlwerbung angekündigt. Die Regierung ließ sich breitschlagen, an die versprochenen sechs Monate weitere fünfundsiebzig Tage Waffenübungen anzuhängen, sodass der Grundwehrdienst anstatt um drei Monate de facto nur um einen Monat verkürzt wurde. In der aktuellen Diskussion scheint sich die Geschichte zu wiederholen, man benutzt sogar denselben Slogan, und die Rebellion der Generäle folgt auf dem Fuß.

Anfang der siebziger Jahre aber komponierte der bekannte Liedermacher Wolfgang Ambros seinen Bundesheer-kritischen Song »Tagwache«, dessen Ausstrahlung vom regierungsfreundlichen Rundfunk boykottiert wurde. Und Lü, der sich im eigenen Ressort beharrlich Feinde heranzüchtete, machte bisweilen auch auf dem politischen Parkett nicht gerade eine gute Figur. Etwa teilte er bei einer turbulenten Fragestunde dem Nationalratsplenum mit: »In der Politik ist es eben aus taktischen Gründen manchmal angezeigt, der Presse nicht die volle Wahrheit zu sagen.«

Der Wirbel hielt sich in Grenzen, denn viele der Volksvertreter waren ohnehin derselben Meinung. Lütgendorf, der schon damals exzellente Kontakte zu Amtskollegen im Nahen Osten besaß, hatte dem Heeressportverein Syriens Scharfschützengewehre und Munition geschickt. Bundeskanzler Kreisky musste seinen Minister verteidigen: Welche Aufregung wegen »ein paar Knallkapseln«!

Doch letztlich waren es diese »Knallkapseln«, die Lü das Amt in der Regierung kosteten.

Weshalb musste Lütgendorf zurücktreten?

Presse und Parlamentarier ein bisschen anzuschwindeln, das ließ der »Sonnenkönig« ja noch durchgehen, aber hinter seinem Rücken bei der Abwicklung illegaler Waffentransaktionen mitzuwirken – da war der Ofen aus.

Doch vorerst die Charakterisierung einiger Personen aus dem Umfeld Lütgendorfs:

François Saar-Demichel – Waffenhändler und Spion.
Als Sohn eines k. & k. Offiziers 1910 nahe Dubrovnik unter dem Namen Franz Saar geboren. 1938 wurde er vom Einmarsch der Nazis in Österreich überrascht und schloss sich der französischen Untergrundbewegung Resistance an. 1945 kehrte der inzwischen eingebürgerte Franzose nach Österreich zurück, wo er als Geheimdienstoffizier den französischen Spionagestützpunkt in Wien

organisierte. Später machte die Regierung in Paris ihn zum Generalbevollmächtigten des Rüstungskonzerns »Sofma«.

Die erste große französisch-österreichische Kooperation fädelte Saar-Demichel Anfang der siebziger Jahre mit Verteidigungsminister Lütgendorf ein. Die beiden verstanden sich auf Anhieb, und man konzipierte gemeinsam den Jagdpanzer »Kürassier«. Die Franzosen fertigten Panzerturm, Kanone und Laser-Zielgerät, die österreichischen Steyrwerke produzierten den fahrbaren Untersatz. Das verharmlosend als »Kettenfahrzeug« bezeichnete Angriffsgerät sicherte heimische Arbeitsplätze, und auf Saar-Demichels Bankkonten flossen die Provisionsmillionen.

Alois Weichselbaumer – Waffenhändler aus Linz.
Geboren 1920, Kriegsdienst in der deutschen Wehrmacht, vermutlich in einer Versuchsanstalt der Nazis für Waffenentwicklung in Pommern tätig. Nach 1945 versuchte er sich im Textilhandel, im Kanalräumergewerbe, im Ölhandel und im Rotlichtmilieu. Nach der Pleite seines Bordells »Annabella« wandte Weichselbaumer sich lukrativeren Geschäften zu: dem Handel mit militärischen Waffen. Er verfügte über beste Kontakte sowohl zu Staatsmännern im arabischen Raum als auch zu Persönlichkeiten der heimischen Politik und Wirtschaft. Gemeinsam mit Karl Lütgendorf nahm er an exklusiven Jagdgesellschaften teil, und schließlich fiel ihm die Aufgabe zu, Österreich auf den internationalen Waffenmärkten zu etablieren und die Exportgeschäfte der verstaatlichten Industrie anzukurbeln. Moralische Bedenken fielen der Aussicht auf Profit zum Opfer.

Walter Schön – Waffenhändler in der Schweiz.
1916 im niederösterreichischen Neunkirchen geboren, versah er in der Ersten Republik Militärdienst bei der Artillerie und ab 1938 bei der deutschen Wehrmacht. Wie die beiden Vorgenannten hatte er die Front nie gesehen: Schön war Adjutant in der Wiener

Stadtkommandantur. Nach dem Krieg betätigte er sich als Sekretär im Wohnungsamt und als Teilhaber einer Textilhandelsfirma. Nach seinem Wechsel ins Außenministerium 1948 kam er zwar im diplomatischen Dienst nicht weiter, verstand es aber hervorragend, sich ein Beziehungsnetzwerk aufzubauen, dem etwa Bruno Kreisky und der spätere Bundespräsident Kurt Waldheim angehörten.

Als Schön Anfang der fünfziger Jahre seine eigene Waffenhandelsfirma gründete, erhielt er bald das Angebot, die österreichische Generalvertretung der Schweizer Waffenschmiede »Oerlikon-Bührle« aufzubauen. Die Zeichen der Zeit standen günstig: Man unterzeichnete den Staatsvertrag, das Bundesheer musste ausgerüstet werden, und Schön respektive Oerlikon machten lukrative Geschäfte. Der Waffenhändler und seine junge Ehefrau fehlten bei keinem gesellschaftlichen Großereignis, der Opernball war Pflichttermin. Später wurde Schön, Mitglied unter anderem beim Cartellverband, von Politikern mit Titeln, Orden und Ehrenzeichen überhäuft. Verteidigungsminister Lütgendorf war der Taufpate seiner beiden Söhne.

1975 kaufte Lü für das Bundesheer zwölf sogenannte Verbindungsflugzeuge der Firma Oerlikon. Maßgebliche Offiziere protestierten, sie hätten lieber Hubschrauber angeschafft. Es entstand der Verdacht, dass Schön für den Minister ein geheimes Wertpapierkonto in der Schweiz eröffnet habe. In Lütgendorfs Nachlass fanden sich später tatsächlich Oerlikon-Aktien, und als Witwe Emmy in Zürich umgerechnet rund vier Millionen Schilling abhob, musste sie in einem TV-Interview zugeben, dass es sich dabei um Provisionsgelder ihres verstorbenen Mannes handelte. Ob diese aus Waffengeschäften stammten, würde sich jedoch ihrer Kenntnis entziehen, behauptete Frau Lütgendorf. Wem derartige Vorgänge irgendwie bekannt und aktuell vorkommen, der braucht lediglich ein paar Namen auszuwechseln …

Udo Proksch – Enfant terrible.
Geboren 1934 in Rostock als Sohn überzeugter Nationalsozialisten, Schüler einer Napola, Student der Wiener Akademie für Angewandte Kunst. Er entging 1960 nur knapp einem Flugzeugabsturz, weil er im letzten Moment nicht in die Maschine stieg, und war Freund von Künstlern wie Friedensreich Hundertwasser, Helmut Qualtinger, Oskar Werner und Politikern wie Leopold Gratz, Karl Blecha – und Karl Lütgendorf. 1969 gründete Proksch zusammen mit Hans Peter Daimler, einem Spross aus der Autodynastie, in der Schweiz die Aktiengesellschaft »Zapata SA«. Die beiden erwarben ein stillgelegtes Kohlebergwerk im niederösterreichischen Oberhöflein, zerlegten die alten Förderanlagen und transportierten sie auf ein Grundstück in Piesting.

1972 kaufte Proksch mit Bankkrediten die k. & k. Hofzuckerbäckerei Demel am Wiener Kohlmarkt und richtete im Obergeschoss des Hauses den »Club 45«, die rote Loge von Wien, ein. Wenig später erfolgte die Gründung eines Vereins mit der Kurzformel CUM und dem sperrigen Langtitel »Verein zur Förderung des republikanischen Staatsbewusstseins im Sinne der immerwährenden Neutralität zum Zwecke der Forschung und Entwicklung auf dem Gebiet des civilen und militärischen Umweltschutzes«. Mit im Vorstand von CUM: Verteidigungsminister Lütgendorf. Wie praktisch, denn vom Bundesheer erhielt man nun unter anderem einen einsatzbereiten Düsenbomber.

Mustafa Tlass – syrischer Kriegsminister von 1972 bis 2004.
Tlass, Jahrgang 1932 und enger Vertrauter des ehemaligen syrischen Diktators Hafez al-Assad, pflegte zu sagen: »Die Macht in Syrien kommt aus Gewehrläufen, und wir sind ihre Herren.«

Während seiner zweiunddreißigjährigen Amtszeit hatte Tlass mitgeholfen, jedes Aufbegehren sowohl von Islamisten als auch von Demokraten niederzuwerfen. Wie viele Todesurteile er unterzeichnete, will er nicht wissen. Vermutlich waren es Tausende.

Der großsyrische Nationalist gehörte zu jenen Politikern, die rücksichtslos antisemitische Polemiken für ihre Ziele missbrauchten. 1984 veröffentlichte er sein Buch »Das Matze von Zion«, in dem er den Ritualmordvorwurf, Juden hätten zum Pessachfest von 1840 Matzebrot mit dem Blut ermordeter Christen gebacken, als historischen Tatbestand behandelt. In seiner Nobelwohnung in Damaskus hingen angeblich zwei Kreidezeichnungen mit Wiesenblumen des Künstlers Adolf Hitler. 1999 servierte Tlass dem Palästinenserpräsidenten Arafat zum siebzigsten Geburtstag gröbste Beleidigungen, indem er ihn wegen dessen »kompromissbereiter Politik gegenüber Israel« als »Sohn von sechzigtausend Hunden und sechzigtausend Huren« bezeichnete.

In den siebziger Jahren, als die militärische Auseinandersetzung zwischen Syrien und Israel um die Golanhöhen und der libanesische Bürgerkrieg in vollem Gange waren, zählte Mustafa Tlass zu den Geschäftspartnern von Karl Lütgendorf. Nach Lüs Tod sandte er seiner Witwe ein Beileidsschreiben zusammen mit einer Einladung nach Damaskus, die Emilie Lütgendorf auch annahm.

Wegen seines Kontakts zu zwielichtigen Figuren im Waffenhandel war Karl Lütgendorf längst ins Fadenkreuz des Heeresnachrichtenamtes (HNaA) geraten. Man legte Geheimdossiers über den eigenen Minister an, bespitzelte ihn bei seinen Jagdausflügen. Während einer dieser inoffiziellen Begegnungen im Herbst 1974 bei Zwettl im Waldviertel traf Lütgendorf mit dem Chef der Steyrwerke Karl Rabus und dem Waffenhändler Alois Weichselbaumer eine Vereinbarung: Weichselbaumer sollte profitable Deals mit arabischen Käufern einfädeln, Rabus würde das Know-how liefern und Lütgendorf zum Teil das Gerät aus den Beständen des Bundesheeres. Nachdem eine Geschäftsanbahnung mit der tunesischen Regierung fehlschlug, reiste man zwischen Wien und Damaskus hin und her. Udo Proksch hatte die Verbindung zu Mustafa Tlass hergestellt und den syrischen

Kriegsminister zur Jagd ins niederösterreichische Hollenstein eingeladen.

Im Winter 1976 war der Deal perfekt. Anfang Dezember adressierte Weichselbaumer einige aus Bundesheerbesitz stammende Holzkisten zum Versand per Luftpost nach Syrien. Zollbeamte am Flughafen Wien-Schwechat allerdings sondierten die verdächtigen Frachtstücke. Ihr Inhalt: sechshundert Scharfschützengewehre und vierhunderttausend Schuss Munition. Laut Gesetz darf kein Kriegsmaterial ohne Genehmigung der Behörden exportiert werden. Als das zuständige Verteidigungsministerium aber nicht reagierte, erhielt es die »Knallkapseln« postwendend zurück.

Weichselbaumer schäumte vor Wut. Auf Intervention Lütgendorfs hatte er die Gewehre samt Munition aus dem Heeresdepot vorgestreckt bekommen, weil die Steyrwerke nicht rechtzeitig hatten liefern können. Daraufhin setzte der Waffenhändler alle Hebel in Bewegung und bekam die Fracht tatsächlich wenige Tage später wieder frei. Aber der zweite Transportversuch per Bahn misslang ebenfalls, die Kisten wurden in Jugoslawien abgefangen und an den Absender zurückgeschickt. Hinter den Kulissen begannen nun die emsigen Vertuschungsmaßnahmen, damit die Öffentlichkeit nur ja nichts merkte, und der militärische Geheimdienst sperrte die Dossiers über den eigenen Minister im Safe weg.

Wer genau nun die »Bombe« platzen ließ, bleibt das Geheimnis von Gerald Freihofner, dem Chefredakteur der Wochenpresse. Wahrscheinlich war es einer von jenen hohen Offizieren, die Lütgendorf sich zum Feind gemacht hatte. In diesem Zusammenhang verweisen Kurt Tozzer und Günther Kallinger in ihrem Buch »Todesfalle Politik« auf den Ein-Stern-General Alfred Tomschitz, den Lütgendorf durch die Nichtbeantwortung eines Geburtstagsgrußes tief gekränkt hatte. Jedenfalls übergab ein anonymer Informant dem Journalisten Freihofner zwei Fotokopien jener Dokumente, aus denen die Verbindung Karl Lütgendorfs mit den illegalen Waffengeschäften Alois Weichselbaumers hervorging.

Im Jänner 1977 brachte Freihofner seine erste Titelstory zum Thema, die anderen Medien sprangen auf, und das Parlament setzte einen Untersuchungsausschuss ein. Lütgendorf verhedderte sich bei seinen Rechtfertigungsversuchen gegenüber Bundeskanzler Kreisky immer mehr und demissionierte schließlich am Pfingstmontag, dem 30. Mai 1977.

Sohn Philipp Lütgendorf wird von Tozzer und Kallinger wie folgt zitiert:

»Der erzwungene Rücktritt meines Vaters war eine Schweinerei. Die ÖVP hat zugelassen, dass ein Fachmann, der keiner Partei angehört hat, abserviert wurde. Für mich ist todsicher: Mein Vater hat keine Waffen geschmuggelt, und er war daran auch nicht beteiligt. Einem Minister nachzusagen, er hätte wegen des Verkaufs von sechshundert Gewehren Geld genommen, ist ja lächerlich. Ich sehe bis heute nicht ein, warum man ihn aus dem Amt entfernt hat. Das war ein echter Schaden für die Republik.«

In der Folge wechselte Otto Rösch vom Innen- ins Verteidigungsministerium, er sollte wieder für Ruhe im Ressort sorgen. Die syrischen Militärs aber waren über den Sturz ihres österreichischen Kollegen erstaunt und pikiert. Bruno Kreisky musste zu einem offiziellen Arbeitsbesuch bei Diktator Assad fliegen, um die Wogen zu glätten. Beim Bankett, das Kreisky seinen Gastgebern ausrichtete, meinte Mustafa Tlass zu einem Pressevertreter, er verstehe bis heute nicht, warum Kreisky, dieses Idol der Araber, einen so honorigen Mann wie Lü aus dem Amt jagen konnte. »Wir haben ihn sehr geschätzt«, bedauerte der syrische Kriegsminister, der sich auch beim Abendessen nicht von seiner imposanten Handfeuerwaffe trennen konnte.

Danach kam das »zweite Leben« des Karl Lütgendorf. Er heiratete Emmy und erfreute sich neuen Vaterglücks, was Kreisky zu dem Bonmot veranlasst hatte: »Dreiundsechzig ist er? No ja, ein General kann sich halt noch befehlen ...«

Die Familie lebte von der satten Ministerpension und dem Ruhegenuss eines Generals. Welche Geschäfte Lütgendorf nach seiner Pensionierung im Nahen Osten betrieb, ist nicht bekannt. Fest steht, dass er als Aufsichtsrat bei Steyr-Daimler-Puch seine Kontakte nützte, um der österreichischen Panzerfertigung Aufträge zukommen zu lassen. Nach eigenen Angaben war er auch noch als »Konsulent« tätig. Außerdem vertrieb er sich die Zeit bei der Jagd und trat als Juror bei Misswahlen in Erscheinung.

Mögliche Motive für Lütgendorfs Selbstmord

1976 startete Udo Proksch seine Aktion »Lucona« – einen niederträchtigen Versicherungsbetrug, der Österreich in den größten Politskandal der Nachkriegsgeschichte stürzen sollte.

Proksch und sein Kompagnon Hans Peter Daimler bauten das alte Gerümpel, das sie aus dem Kohlebergwerk Oberhöflein geholt und in Piesting zwischengelagert hatten, zu einer »Uranerz-Aufbereitungsanlage« um. Frisch lackiert, mit der Aufschrift »Zapata SA« versehen und auf über zweihundert Millionen Schilling versichert, wurde die schrottreife Apparatur im italienischen Hafen Chioggia auf das gecharterte Frachtschiff Lucona verladen. Die Reise sollte nach Hongkong gehen, wo ein Strohmann Prokschs die angebliche Uranmühle bestellt hatte. Ankommen durfte die Ladung jedoch nie, sie musste auf hoher See verschwinden. Deshalb schmuggelte Proksch auch mehrere hundert Kilogramm Sprengstoff und einen Zeitzünder mit an Bord.

Am Sonntag, dem 23. Jänner 1977 erreichte der Frachter den Indischen Ozean. Nahe den Malediven geschah es: Zwei heftige Detonationen im Laderaum, die Lucona sank innerhalb weniger Minuten. Sechs Menschen ertranken – der Maschinist Caspar Bartley, die Matrosen Andrew Davids, Vito Fortes, Carlo Medina und Sylvester Roberts sowie Beatrix van der Hoeven, die Ehefrau eines Besatzungsmitglieds. Fünf weitere Crewmitglieder und der Kapitän wurden zehn Stunden nach der Sprengung gerettet.

Einige Tage später besuchte Udo Proksch Minister Lütgendorf in Schwarzau und vermeldete lapidar: »Uns ist ein Schiff untergegangen.«

Doch Lü erkundigte sich nicht genauer, denn er hatte zu dieser Zeit größere Sorgen: Er kämpfte darum, seinen Regierungssitz zu erhalten, und was bedeutete dagegen schon ein bisschen verlorenes Miteigentum?

Ja, Miteigentum. Denn als Dank hatte Udo Proksch dem Minister zwei Aktien der »Zapata SA« geschenkt – als Dank dafür, dass Lü Proksch ermöglicht hatte, an einem Sprengkurs auf dem Truppenübungsplatz Hochfilzen teilzunehmen. Bei weiteren detonationstechnischen Übungen zweigte Proksch sich dann zweihundertfünfzig Kilogramm Sprengstoff ab und war bereit für die Versenkung der Lucona.

In den folgenden Jahren versuchten Proksch und sein Kumpan Daimler an die Versicherungssumme heranzukommen. Vergeblich, denn die Versicherungsgesellschaft witterte den Betrug. Doch die Ermittlungsbehörden kamen lange nicht in Schwung, weil Innenminister Karl Blecha und Außenminister Leopold Gratz ihren Freund Udo schützten. Erst im Oktober 1985 wurden Proksch und Daimler wegen Betrugsverdachts verhaftet, aber wenige Tage später auf Intervention von Blecha und Gratz wieder freigelassen. Es dauerte weitere zweieinhalb Jahre, bis, ausgelöst durch die Aufdeckungsarbeit des Journalisten Hans Pretterebner (»Der Fall Lucona«), das Aufarbeiten des Skandals begann. Leopold Gratz, inzwischen Nationalratspräsident, und Innenminister Karl Blecha mussten zurücktreten. Udo Proksch flüchtete nach Manila, unterzog sich einer Gesichtsoperation und wurde im Oktober 1989 in London verhaftet, als er unter dem Falschnamen Alfred Semrad nach England einreisen wollte. Das Urteil am Ende des bis 1992 andauernden Gerichtsprozesses gegen ihn lautete auf lebenslange Haft wegen sechsfachen Mordes. Proksch starb 2001 in der Strafanstalt Graz-Karlau nach einer misslungenen Herztransplantation. Sein Kompagnon Hans Peter Daimler wurde in Italien aufgegriffen und 1997 in Kiel zu einer vierzehnjährigen Haftstrafe wegen Beihilfe zum sechsfachen Mord verurteilt.

Vier Monate, nachdem Proksch die Lucona versenkt hatte, war Karl Lütgendorf aus dem Kabinett ausgeschieden, vier Jahre danach war er tot. Die illegalen Waffengeschäfte mit Syrien lagen am 9. Oktober 1981 fünf Jahre zurück. Wurde Lü von seiner Vergangenheit eingeholt?

Eventuell könnten auch private Probleme zu seinem Freitod geführt haben. Angeblich soll es um seine zweite Ehe mit Emmy nicht mehr zum Besten gestanden haben. Oder hatte er finanzielle Sorgen? Im Oktober 1990 wurde Lütgendorfs zweihundertdreißig Hektar großes Schwarzauer Anwesen im Bezirksgericht Gloggnitz versteigert. Tozzer und Kallinger schreiben: »Der Besitz war schon vor dem Tod des Exverteidigungsministers mit drei Millionen Schilling belastet, nun beträgt die Schuldenlast zwanzig Millionen.« Das war das Ende eines jahrelangen vor Gericht ausgetragenen Streits zwischen Lütgendorfs Kindern aus erster Ehe und seiner zweiten Frau.

1994 heizte der deutsche Bundesnachrichtendienst (BND) die Mordtheorie wieder an. Im Zusammenhang mit dem mysteriösen Tod des schleswig-holsteinischen Ministerpräsidenten Uwe Barschel durchforstete man die Akten des ehemaligen ostdeutschen Staatssicherheitsdienstes, der Stasi. Angeblich tauchte dabei ein Dokument auf, aus dem hervorgeht, dass ein Stasi-Killerkommando auch auf Lütgendorf angesetzt worden sei und ihn am 9. Oktober 1981 »exekutiert« habe, weil er zum Sicherheitsrisiko geworden sei.

Glaubt man einem anderen Gerücht, soll Bundeskanzler Kreisky sich im Besitz eines Dossiers befunden haben, wonach ein nahöstlicher Dienst den adligen Exminister liquidiert habe. Selbst die Spekulation, dass gar inländische Killer am Werk gewesen seien, tauchte auf. Aber dazu will sich heute offiziell niemand mehr bekennen.

Um wie viel wahrscheinlicher ist es doch, dass Udo Proksch und die Sprengung der Lucona schwer auf Lütgendorfs Gewissen lasteten. Oder seine Kontakte zu internationalen Waffenhändlern ihm zum Verhängnis wurden.

Treffend meinte der spätere Generaldirektor für die öffentliche Sicherheit Michael Sika einmal: »Waffenhandel ist ein exponierter Beruf – genauso wie der Beruf des Politikers. Da kann man unter Umständen auch an den Aufregungen sterben.« Oder freiwillig aus dem Leben scheiden, weil man den Druck nicht mehr aushält.

Laut ORF existiert eine Aktennotiz der Staatsanwaltschaft, aus der hervorgeht, dass Karl Lütgendorf sehr wohl zwei Abschiedsbriefe hinterlassen hat. Ein weiteres Indiz für einen Selbstmord. Die Briefe könnten ein für allemal Klarheit bringen und die Spekulationen um Lütgendorfs Tod aus der Welt schaffen. Doch wo sind diese Briefe? Was ist ihr Inhalt? Und wer hat ein Interesse daran, dass die Information nicht an die Öffentlichkeit dringt?

So stehen am Ende also wieder Fragen über Fragen, und der Versuch einer Antwort muss unter den gegebenen Umständen scheitern. Offenbar hat Karl Lütgendorf sein Geheimnis mit ins Grab genommen.

Brauner Sprengstoff

Die Politik hat nicht zu rächen, was geschehen ist,
sondern zu sorgen, dass es nicht wieder geschehe.
Otto von Bismarck

1. Die Explosion – Wie Mordermittler ein 412-teiliges Puzzle zusammensetzen

Ob jemand die Explosion gehört hat, lässt sich nicht mehr mit Sicherheit feststellen. Hinterher behauptete ein Lastwagenfahrer, er habe am 13. Juni 1973, kurz vor der Morgendämmerung auf der A2, der Südautobahn, nahe dem niederösterreichischen Guntramsdorf einen lauten Knall vernommen. Später wollten Bewohner des Ortes um Punkt 3.26 Uhr sogar ein seltsames Schwanken im Schlaf verspürt haben, das von der Druckwelle der Detonation herrührte. Verständliche Reaktionen angesichts der Tragweite des Ereignisses, sollte die Explosion sich doch als der Beginn eines der spektakulärsten Kriminalfälle der Zweiten Republik erweisen. Am Ende waren drei Menschen tot und vier schwerstverletzt. Eine gewaltige Bilanz, die sogar für US-amerikanische Verhältnisse keine Kleinigkeit mehr wäre. Für das kleine Österreich aber weitete sich die Angelegenheit zur Staatsaffäre aus.

Ob die Wahrnehmungen der Leute an jenem Mittwoch, dem 13. Juni, nun echt oder eingebildet waren, irgendwie musste die Polizei von der Sprengung erfahren haben. Im Detail dokumentiert ist, dass Beamte der Kriminalabteilung für Niederösterreich (KA-NÖ) im Tageslicht bei Autobahnkilometer 10,5 einen Explosionskrater fanden. Abteilungsinspektor Erich Zoglmann kam als einer der ersten Ermittler an den Detonationsort. Der langjährige Leiter der Tatortgruppe stand gemeinsam mit seinen vier Kollegen vor aufgerissenem Erdreich, einem Bombentrichter, zirka eineinhalb Meter im Durchmesser. »Auf den ersten Blick hat es nicht anders ausgeschaut als ein Krater, den ein versehentlich hochgegangener Blindgänger aus dem Zweiten Weltkrieg hinterlassen würde«, erinnert sich Zoglmann.

Der Detonationsort an der Südautobahn.

Doch bei genauerer Betrachtung entdeckten die Kriminalisten Schauerliches: Im Gras verstreut lagen Knochensplitter und Fleischfetzen. Der größte unter ihnen war ein etwa zehn mal vierzig Zentimeter messender, schwarz behaarter Hautlappen mit Nabel – der Rest eines menschlichen Bauches. Die Wucht der Explosion hatte kleinere Leichenteile bis zu zweihundert Meter weit in die angrenzenden Felder geschleudert, und auf dem Brückenpfeiler, der die von Münchendorf kommende Straße über die Autobahn trägt, klebte eine Vielzahl blutiger Gewebeklümpchen.

Zwar sind Tatortbeamte unappetitliche Arbeitsbedingungen gewöhnt. Abfall, Verwesungsgeruch und der Anblick fauliger Leichen gehören zu ihrem Geschäft. Ein Mensch jedoch, zerfetzt in Hunderte Einzelteile, ist auch für nervenstarke Naturen an Abscheulichkeit nicht zu überbieten. »Die Teile einzusammeln war selbst für Leute mit robustem Magen ein einigermaßen schwieriges Unterfangen«, erzählt ein Ermittler.

Und wie wird die abstoßende Tätigkeit entlohnt?

Tatortchef Erich Zoglmann: »Damals haben wir noch für jede Leiche außertourlich Bares bekommen, sozusagen eine Entsorgungszulage, ›Leichenentkleidungsgebühr‹ genannt. Es waren nur einige Schilling, die wir in eine gemeinsame Kassa gegeben und für eine kleine Weihnachtsfeier aufgehoben haben. In gehobener Stimmung haben wir immer gewitzelt und gemeint, ein Absturz von einem Jumbojet, das wär schon einmal was ... Glaser und Dachdecker wünschen sich einen heftigen Orkan, Autospengler viele Blechschäden, Rechtsanwälte viele Streitereien und Tatortbeamte eben viele Leichen.«

Bei allem gegenwärtigen Hang zur politischen Korrektheit, auch schwarzer Humor gehört zum Geschäft der Mordermittler. Die tägliche Begegnung mit dem Tod in seiner grausamsten Gestalt lässt sich mitunter nur im Schutzmantel derber Späße ertragen. Und was die Leichenzulage betrifft, so hat Vater Staat sie längst ersatzlos gestrichen.

Zu fünft standen nun die Kriminalisten um den Sprengkrater neben der Autobahn. Sofort war ihnen klar, dass sie es ohne Hilfe nicht schaffen würden, alle Spuren in gebotener Eile zu sichern. Ein Sommergewitter am Nachmittag, und wertvolle Hinweise wären für immer verloren gewesen. Oberstleutnant Johann Schachner, Kommandant der Kriminalabteilung, entschied, eine Klasse der Schulabteilung anzufordern.

Aber noch bevor die vierzig jungen uniformierten Gendarmen in Ausbildung eintrafen, kam jemand anders: Mossad, der israelische Geheimdienst. Eine Tatsache, die erstaunen mag, die jedoch im Licht der Zeitgeschichte verständlich wird. Anfang der 1970er Jahre kam es in der Sowjetunion zu einer Ausbürgerungswelle. Viele Menschen jüdischer Abstammung verließen die UdSSR, um in Israel eine neue, vor antisemitischer Verfolgung sichere Heimat zu finden. Österreich stellte der Jewish Agency, die den Emigrantentransport organisierte, ein Transitlager zur Verfügung. Dieses Durchgangslager war Schloss Schönau, das in der Nachkriegszeit unter russischer Verwaltung gestanden hatte, von 1978 bis 1992 die Zentrale des Gendarmerie-Einsatzkommandos (GEK) war und heute eine Waldorf-Schule beherbergt. Das romantische Wasserschloss an der Triesting liegt etwa zwanzig Kilometer südlich von Guntramsdorf. Dort war wenige Wochen vor der Explosion an der Südautobahn ein Sprengstoffanschlag auf einen mit jüdischen Auswanderern belegten Eisenbahnwaggon verübt worden, und man vermutete sofort einen Zusammenhang.

Oberstleutnant Schachner betraute Rayonsinspektor Ottokar Pücher und Revierinspektor Franz Lackner mit den Untersuchungen. Diese beiden Beamten der niederösterreichischen Erhebungsabteilung hatten schon beim Schönauer Attentat ermittelt und im nicht immer reibungslosen Umgang mit den israelischen Geheimdienstleuten Erfahrung gesammelt. Auch den Sprengstoffexperten des Mossad hatten sie als unerschrocken und voller Tatkraft kennengelernt. Ottokar Pücher erinnert sich an den 13. Juni 1973: »Der Mann hat mit bloßen Händen in den Krater gegriffen, in dem die Fleischstücke gelegen sind. Er hat sich den Staub durch die Finger rieseln lassen und sofort gemeint: ›Das ist Dynamit.‹« Mit dieser ersten Beurteilung hatte der Sprengstoffexperte zwar nicht ganz recht, wie sich durch genauere Untersuchung noch herausstellen sollte, die niederösterreichischen Ermittler aber konnten nun die Möglichkeit eines Unfalls mit einer Fliegerbombe sicher ausschließen.

Wenig später durchkämmten eine Hundeführerstaffel und eine Riege von vierzig Gendarmerieschülern das Gelände. In Ein-Meter-Abständen gingen sie nebeneinander her und sammelten gemeinsam mit den Tatortbeamten die sterblichen Überreste ein. Die auf dem Brückenpfeiler haftenden Gewebestücke mussten teils mit bloßen Fingern heruntergeschält werden, denn Gummihandschuhe waren damals oft nur in sehr beschränkter Anzahl vorhanden. 412 Leichenteile trugen die Ermittler zusammen, verpackten sie in Plastiksäcke und transportierten sie im weißen VW-Kombi der Tatortgruppe zur Prosektur des Wiener Instituts für Gerichtliche Medizin.

Die Asservierung der Leichenteile.

In Wien Alsergrund, Sensengasse 2 nahm Professor Wilhelm Holczabek die Leichenteile entgegen. Holczabek, der wenige Tage später, konkret am 1. Juli 1973, dem berühmten Gerichtsmediziner Leopold Breitenecker als Leiter des Instituts nachfolgte, hatte selbst noch die Krönung seiner Karriere vor sich. Er führte die Lehrkanzel bis 1989, war drei Jahre lang Dekan der medizinischen Fakultät und vier Jahre Rektor der Universität Wien.

Mit Oberrat Doktor Oskar Skala, einem dem Innenministerium unterstellten gerichtsmedizinischen Sachverständigen, untersuchte Holczabek jedes der 412 Teile auf das Penibelste, um die entscheidenden Fragen zu klären: Wie viele Menschen starben durch die Sprengung? Wurden Lebende oder Leichen gesprengt? Was war ihr Geschlecht? Ihr Alter? Und die Kardinalfrage: Wer kam hier zu Tode?

Die Antworten zu finden, wäre auch mit heutigen Methoden ein mühevolles Unterfangen. Die forensischen Experten müssten von jedem Einzelstück DNA extrahieren und sie im Labor analysieren. Dann freilich hätten sie ihre Antworten mit einem Schlag und nahezu vollständiger Gewissheit. Doch das Zeitalter der kriminalistischen Revolution, ausgelöst durch die Untersuchung des menschlichen Erbgutes, war im Juni 1973 noch nicht angebrochen. Man musste sich anders behelfen. Jedoch waren an der Autobahn weder Teile von Händen noch Zähne gefunden worden. Die herkömmlichen Methoden der Identifizierung – Fingerabdrücke und Zahnstatus – waren daher nicht anwendbar.

Holczabek und Skala testeten zunächst alle Leichenteile auf ihre Blutgruppe und ihren Rhesusfaktor. Das Ergebnis teilten sie den niederösterreichischen Kriminalisten am Folgetag, dem 14. Juni, gegen 15.30 Uhr mit. »Professor Holczabek gibt telefonisch bekannt: Alle 412 Leichenteile weisen die Blutgruppe null, Rhesus positiv auf«, vermerkte Oberstleutnant Schachner im Polizeiakt.

Dass es sich um nur eine Person handelte, war somit möglich, aber nicht mehr als das. Denn die Blutgruppe null positiv ist weltweit die häufigste, achtunddreißig Prozent der Bevölkerung besitzen diese Kombination. Zur genaueren Identifizierung mussten weitere Blutuntersuchungen folgen. Neben dem AB0-System und dem Rhesusfaktor gibt es noch andere Proteine, die sich auf den roten Blutkörperchen oder im Blutplasma befinden können. Dazu gehören zum Beispiel der Duffy-Faktor, ein Rezeptor für den Erreger der Malaria tertiana, das MN-System, das eine wichtige Rolle bei Vaterschaftstests spielt, der Kell-Antikörper, der Komplikationen in der Schwangerschaft und bei Bluttransfusionen verursachen kann, und andere Blutbestandteile, die wie etwa der Lewis-Faktor nach den Patienten benannt wurden, an welchen man sie als Erstes beobachtet hat.

Im Fall der Explosion an der Südautobahn kamen die Wiener Gerichtsmediziner zu dem Schluss, dass alle Leichenteile dieselbe, mit »0-MS-cc-DE-pk-Leb« bezeichnete Blutgruppe aufwiesen, wobei »D« Rhesus positiv und »Leb« Lewis negativ bedeutet. Am 14. Juni gegen 18.00 Uhr stand fest: Es war eine einzige Person in die Luft gesprengt worden.

Professor Holczabek und Oberrat Skala erkannten mehrere Hautstücke vom Rumpf, wenige Rippenfragmente, kleine Schädelknochen, Teile der Schulter, des Rückgrates, des Ober- und Unterschenkels, der Leber, der Niere, des Darmes, der Schilddrüse, der Luftröhre und des Penis. Von fast allen Körperregionen wurden Teile gefunden. Doppelte Stücke, die auf eine zweite Person hingewiesen hätten, existierten nicht. Ebenso fehlte Gehirnsubstanz – eine Tatsache, die einige Berichterstatter zu der voreiligen und falschen Spekulation veranlasste, eine männliche Leiche ohne Kopf und Gliedmaßen sei gesprengt worden.

Die histologischen Tests der Gewebeteile ergaben jedoch: Das Opfer war ein relativ junger Mann mit starker dunkler Brust- und Bauchbehaarung und etwa sechs Zentimeter langem Haupthaar. Das gefundene Leberstückchen war verfettet. Der Mann konnte demnach Alkoholiker gewesen sein oder an allgemeiner Fettsucht oder Diabetes mellitus gelitten haben. 12,4 Kilogramm wog alles zusammen. 12,4 Kilogramm Explosionsrückstand, ein elendes Häufchen Mensch. Nackt noch dazu, denn auch Reste von Bekleidung waren nicht vorhanden. Ob der Mann zum Zeitpunkt seiner Sprengung noch gelebt hatte, konnte durch die Untersuchungen nicht festgestellt werden.

Alles in allem reichten diese Angaben für eine sichere Identifizierung noch nicht aus. Auffallende Details wie Augenfarbe, Körpergröße und besondere Erkennungsmerkmale wären von entscheidender Bedeutung gewesen. Bei diesem Problem sprang nun Doktor Johann Szilvàssy in die Bresche. Sein dienstliches Imperium lag am Wiener Burgring Nummer 7, im vierten Stock eines neoklassizistischen Gebäudekomplexes: scheinbar endlose Gänge und ein herrschaftlich hoher Saal mit Glaskästen vom Fußboden bis zur Decke, Vitrinen voll mit Tausenden von Skelettschädeln aus der Bronzezeit, der Eisenzeit und aus den in den 1920er Jahren aufgelassenen Beinhäusern Ostösterreichs. Szilvàssy war Direktor der Anthropologischen Abteilung des Naturhistorischen Museums.

In jenen Tagen vermaß er Stellungspflichtige beim Bundesheer. Konkret interessierten ihn die Distanzen zwischen Nabel und Brustwarzen in Relation zur Gesamtkörperlänge. Durch eine statistische Auswertung dieser Messdaten versuchte Szilvàssy also, vom Abstand Nabel – Brustwarze Rückschlüsse auf die Körpergröße von Männern zu ziehen. Im Juni 1973 waren seine Forschungen bereits so weit fortgeschritten, dass er haltbare Aussagen treffen konnte. Und wie in vielen anderen aussichtslos erscheinenden Mordermittlungen konnte auch im Fall des Gesprengten von der Südautobahn die forensische Anthropologie die letzte Hoffnung auf Aufklärung erfüllen. Das Glück war Doktor Szilvàssy gewogen: Jener Hautfleck vom Bauch, den die niederösterreichischen Tatortbeamten aus dem Sprengkrater sichergestellt hatten, wies nicht nur den Nabel, sondern auch eine Brustwarze auf. Szilvàssy konnte seine Berechnungen durchführen. Der Tote war zwischen 1,85 und 1,90 Meter groß, bestimmte der Anthropologe und traf damit ins Schwarze.

Tatsächlich fanden die Kriminalisten auf der Vermisstenliste jemanden, auf den alle mühsam gewonnenen Erkenntnisse zutrafen. Am 12. August 1947 geboren, also erst fünfundzwanzig Jahre alt, dunkle Haare, 1,88 Meter groß, Blutgruppe null, wohnhaft in Wien Mariahilf, Mollardgasse Ecke Grabnergasse, abgängig seit dem 12. Juni 1973, 16.00 Uhr. Die Mutter des Vermissten hatte beim zuständigen Polizeikommissariat Anzeige erstattet, weil ihr Sohn um 17.00 Uhr nicht in seine Wohnung gekommen und um 19.00 Uhr nicht bei der Clubsitzung seines Karatevereins erschienen war.

Sogleich bat man die Frau ins Gerichtsmedizinische Institut, nahm ihr Blut ab und testete es auf mögliche Übereinstimmungen mit dem Blut des Toten. Am 15. Juni gegen 20.00 Uhr hieß es: Die Frau kann als Mutter des Gesprengten nicht ausgeschlossen werden. Abermals eine Aussage, die aus heutiger Sicht vage erscheinen mag. Doch ohne genetischen Fingerabdruck konnte man nur nach dem Ausschließungsprinzip vorgehen.

Zur völligen Gewissheit aber fehlte noch ein letztes Stück in dem makabren Puzzle. Oberrat Doktor Skala hatte den Kriminalisten bereits am Vortag mitgeteilt, dass er eine Narbe von einem chirurgischen Eingriff auf einem Stück Bauchhaut entdeckt hatte. Aller Wahrscheinlichkeit nach stammte diese auffällig geformte Narbe von einer Blinddarmoperation. Einer solchen hatte sich auch der Vermisste in seiner Jugend unterziehen müssen. Seine Mutter bestätig te: Die Narbe auf der Bauchhaut glich jener ihres Sohnes.

Der Tote ist Richard Dvorak.

Als könne er seinen Erfolg noch gar nicht fassen, ließ Professor Holczabek die Ermittler der Kriminalabteilung zweieinhalb Tage nach der Explosion wissen: »Es spricht viel dafür« – diesen Ausdruck setzte Oberstleutnant Schachner in seinem Aktenvermerk bezeichnenderweise in Anführungszeichen – »Es spricht viel dafür, dass die Leichenteile von Richard Dvorak herrühren.«

Richard Dvorak, Angestellter der Stadt Wien, Sachbearbeiter für den U-Bahn-Bau. 1,88 Meter groß, an die hundert Kilogramm schwer, geschrumpft auf ein Achtel seines Körpergewichts.

Nachsatz zum Transitlager Schönau

Anfang der siebziger Jahre wurden einige ungeklärte Sprengstoffanschläge auf dieses Durchgangslager für russische Auswanderer aus der Sowjetunion verübt. Die ermittelnden Behörden vermuteten, dass diese Attentate auf das Konto arabischer Terroristen gingen. Als nach der Explosion an der Südautobahn die Vertreter der Polizei denselben Verdacht hegten und diesen auch offen aussprachen, ernteten sie scharfe Kritik von linksgerichteten Medien. So schrieb etwa die Volksstimme, das Organ der Kommunistischen Partei Österreichs, am 26. Juni 1973: »Beim Bombenmord an der Südautobahn wurde sofort über arabische Terroristen spekuliert. Dass es aber österreichische terroristische Gruppen gibt, das bleibt geheime Amtssache.«

Am 28. September 1973 nahmen dann tatsächlich zwei Mitglieder der prosyrischen Gruppe »El Saika« (»Adler der palästinensischen Revolution«) ein jüdisches Emigrantenehepaar und einen österreichischen Zöllner am Grenzbahnhof Marchegg als Geiseln. Das Terrorkommando forderte die Beendigung der Einwanderung osteuropäischer Juden nach Israel. In den Verhandlungen wählte der damalige Bundeskanzler Doktor Bruno Kreisky den bequemsten Weg: Er ging auf die Forderungen der Terroristen ein und ließ das Durchgangslager in Schönau schließen. Eine Maßnahme, die innenpolitisch auf große Gegenliebe stieß, sogar die Kommunistische Partei begrüßte das Ende der »zionistischen Menschenschmugglerzentrale«. Die Geiseln kamen frei. Außenpolitisch kann die Schließung von Schönau jedoch als unfreundliche Geste gegenüber dem Staat Israel gewertet werden, vor allem aber als inhumaner Akt gegenüber den russischen Juden, denen die Möglichkeit, nach Israel zu gelangen, genommen wurde.

2. Der mit dem Bären kämpft – Eine Bande von Spreng- und Schießkumpanen

Nun, nachdem die Identität des Gesprengten feststand, führte die erste Amtshandlung die Kriminalisten um Ottokar Pücher in die Wohnung des Toten in der Mollardgasse. Am Samstag, dem 16. Juni 1973, entdeckten sie dort Befremdendes: Der obere Querbalken des Türrahmens war durchlöchert wie Tilsiter Käse. Richard Dvorak musste ein regelrechtes Zielschusstraining in seinem Wohnzimmer abgehalten haben, und das nicht nur einmal. Die Nachbarn sagten, sie hätten sich darüber beschwert, aber mehr untereinander. Verständlich, denn wer läutet schon gern an einer Tür, hinter der regelmäßig ein Geprassel von Pistolenschüssen losbricht.

Die nächste Station der Erhebungsbeamten war der Karateclub in der Gumpendorfer Straße, in dem Dvorak nahezu täglich trainiert hatte. Dieser Club lag in einem Kellerlokal, und auf dem Türschild stand: All Austrian Karate Association. Das kleine englische Wort »all« gab den aufmerksamen Beobachtern bereits zu denken. Doch die Fakten müssen grundsätzlich unvoreingenommen zusammengetragen werden, deren Interpretation folgt später. Also befragten Ottokar Pücher und seine Kollegen in dem Kellerlokal jene Burschen, die in weißen Kimonoanzügen fernöstliche Kampfrituale praktizierten. Von ihnen erfuhren die Ermittler, dass Dvorak unmittelbar vor einer Reise zu den Karateweltmeisterschaften in Tokio gestanden hatte.

Der Karateclub in der Gumpendorfer Straße.

Bereits seit 1968 hatte der hünenhafte junge Mann die japanische Kampfsportart begeistert betrieben und es dabei bis zum braunen

Dvorak und seine Kameraden im Karateclub.

Gürtel gebracht. Er hatte Tokio schon einmal besucht und wollte jetzt wieder dorthin fliegen. Als Trainer war Dvorak sehr beliebt gewesen. Bis vor einigen Monaten noch – und das entsprach dem Zustand seiner Leber – hatte er übermäßig viel Alkohol getrunken. Aber er versprach seinen Kameraden fest, sich zu bessern, und wollte wieder mehr trainieren. Offensichtlich war es dieser Vorsatz, der Dvorak zur Japanreise veranlasste. Eigens dafür hatte er zwanzigtausend Schilling von seinem Sparbuch abgehoben, das Geld war jedoch, wie auch Dvoraks Ausweis, spurlos verschwunden.

Ebenso verschwunden war Dvoraks Aktentasche mit einem Notizbuch, in dem er die Namen und Telefonnummern seiner Freunde und Bekannten notiert hatte. Die Ermittler ließen bei der Suche nach diesem für sie unschätzbaren Brevier nicht locker, konnten aber zunächst nicht fündig werden. Doch zu ihrem Glück tauchte die Aktentasche samt Notizbuch plötzlich wieder in Dvoraks Büro im Wiener Rathaus auf. Auf einmal lag sie so unschuldig da, als hätte sie das Amtszimmer nie verlassen. Was man von den zwanzigtausend Schilling nicht behaupten konnte. Die blieben verschollen.

Interessanterweise sagten die jungen Männer im Karateclub aus, Dvorak wäre einige Tage vor seinem Verschwinden äußerst nervös gewesen. Sie meinten, dass es unmöglich wäre, diesen »Bären von einem Mann« einfach niederzuschlagen und zu ermorden. Vielmehr müsse Dvorak unter Alkohol gesetzt oder niedergeschossen worden sein. Dann hätte der unbekannte Mörder Dvorak in eine Kiste verpackt, diese mit Sprengstoff versehen und bei der Autobahn in die Luft gesprengt.

Tatsächlich hatten die Beamten der Tatortabteilung beim Sprengkrater in Guntramsdorf Teile einer Kiste aus Fichtenholz gefunden. Außerdem entdeckten sie Kofferbeschläge und Stücke eines kleineren Koffers aus Fibermaterial, eines sogenannten James-Bond-Koffers. Sie lasen Fragmente der oberen und unteren Platine sowie den Deckel eines Kurzzeitmessers der Marke Junghans auf, eines typischen Sechzig-Minuten-Weckers, oder wie ein Kriminalist auf die damals weite Verbreitung der kleinen Uhr anspielte: »Genau so eine hatte auch meine Großmutter in der Küche liegen.« Zudem stellten die Beamten eine Fichtenholzleiste mit den aufgeklebten Resten einer Holzspanplatte und dem eingeschlagenen Teil eines Zünddrahtes sicher: eine selbst gebastelte Zündvorrichtung.

Der Sprengstoffexperte des Innenministeriums, Polizeioberst Ingenieur Alois Massak, kam in seinem Gutachten zu dem Schluss, dass die Sprengung an der Südautobahn absichtlich herbeigeführt worden war. Der Täter hatte Richard Dvorak an einem anderen Ort getötet – vermutlich erschossen. Dann hatte er die Leiche grob zerstückelt, die Teile in die Fichtenholzkiste gepackt und sie an die Südautobahn transportiert. Der kleinere Koffer diente wahr-

Die am Detonationsort asservierten Fundstücke:

Teile einer Kiste aus Fichtenholz. Die Späne wiegen zusammen 1,588 Kilogramm.

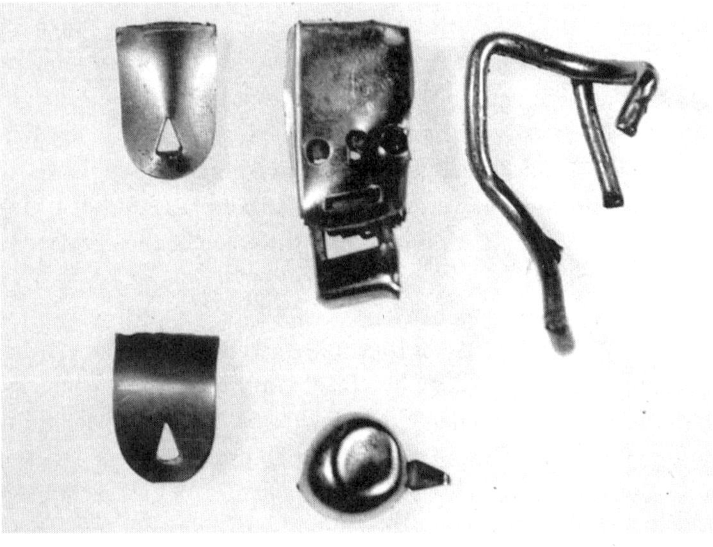

Teile von Kofferbeschlägen.

Teile eines kleineren Koffers (Attaché- oder James-Bond-Koffer).

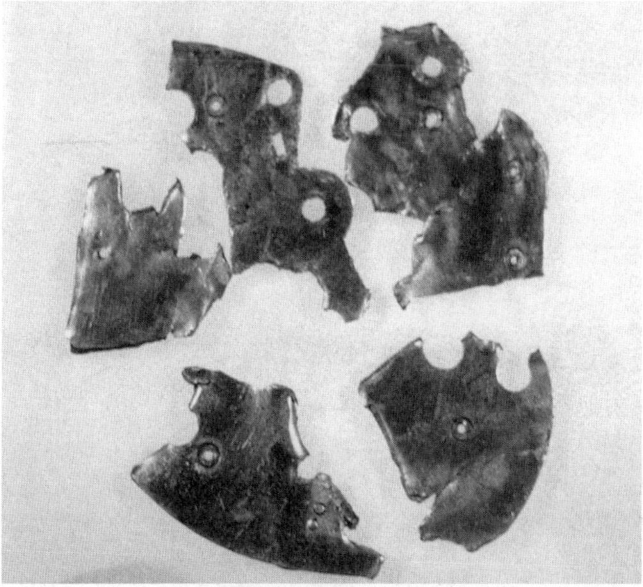

Teile der oberen und unteren Platine eines Kurzzeitmessers der Marke Junghans (Nummer des Werkes: 719).

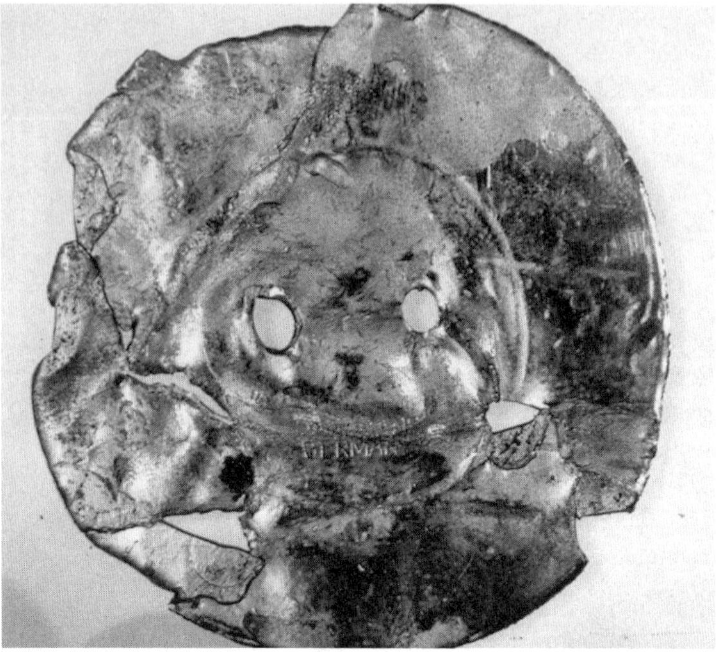

Deckel des Kurzzeitmessers.

Die selbst gebastelte Zündvorrichtung.

scheinlich zur Verdämmung des Sprengstoffes. Nur so war die totale Zerstörung des Körpers zu erklären. Der Junghans-Kurzzeitmesser wurde zum Auslösen der Explosion benützt, die die Leiche offenbar beseitigen sollte.

Aus dieser Expertise ergab sich ein weiterer Ermittlungsauftrag für die Kriminalisten der Erhebungsabteilung. Denn um einen derartigen Transport durchzuführen, ist ein Lieferwagen oder ein Anhänger nötig. Und es galt nun, dieses Fahrzeug zu finden.

Als Sprengstoff war übrigens Gelatine-Donarit verwendet worden, eine gallertartige explosive Mischung, die sich unter anderem aus Ammoniumnitrat und Dinitrochlorhydrin zusammensetzt. Sie wird vor allem im Bergbau verwendet. Aller Wahrscheinlichkeit nach stammte das Gelatine-Donarit, mit dem Dvoraks Leiche gesprengt worden war, aus dem Dolomitwerk in Bad Vöslau. Zwar existieren dafür keine Beweise, aber 1971 verschwanden in dem Bergwerk größere Mengen Sprengstoff. Material von diesen ungeklärten Sprengmitteldiebstählen wurde bei Anschlägen in Wien verwendet, die trotz umfangreicher Recherchen ebenfalls nicht geklärt werden konnten.

Als verblüffend erwies sich, dass in der nahen Umgebung von Richard Dvoraks Wohnung in der Mollardgasse insgesamt vier mysteriöse Sprengstoffattentate auf Bankfilialen und Telefonzellen verübt worden waren. Weiters wurde bei einem missglückten Anschlag in Wien offensichtlich, dass die Täter die Explosion per Funk auslösen wollten, was auch bei Richard Dvoraks Sprengung der Fall gewesen sein könnte.

Wie auch immer, die Ermittler waren mit einem Toten konfrontiert, dessen Leiche gesprengt worden war, und mit gleich vier mysteriösen Sprengstoffattentaten in seiner Wohngegend. Sie glaubten nicht an einen Zufall, sondern gingen pragmatisch davon aus, dass das Gros der Bevölkerung in der Freizeit eher im Schrebergarten werkelt als an einer Sprengladung bastelt. Es war mehr als wahrscheinlich, dass Dvorak in irgendeiner Form an den Anschlägen beteiligt gewesen war, selbst wenn er nur die Hintermänner gekannt hatte. Vielleicht hatte er die Drahtzieher an die Polizei verraten wollen und war deswegen beseitigt worden. So lautete die erste Theorie der Kriminalisten.

Angesichts der Tragweite des Falles bildete man im Innenministerium eine Sonderkommission aus Beamten des Wiener Sicherheitsbüros unter Oberpolizeirat Otto Kornek, der niederösterreichischen Erhebungsabteilung unter Oberstleutnant Johann Schachner und der Staatspolizei. Allen Ermittlern war klar, dass der Täter sich diese Art von Sprengstoff nicht von heute auf morgen hatte beschaffen können. Seit den ungeklärten Donarit-Diebstählen in Bad Vöslau waren bereits zwei Jahre vergangen. Daher suchten die Mitglieder der Sonderkommission nun auch nach einem geheimen Sprengstofflager in Wien oder Niederösterreich. Sie waren überzeugt, dass Dvoraks Mörder das Gelatine-Donarit aus diesem seit Längerem bestehenden Versteck geholt hatte. Über neunzehntausend Quadratkilometer ist Niederösterreich groß, das Bundesland besteht aus 573 Gemeinden und Zigtausenden Häusern. Es war eine Suche nach der sprichwörtlichen Stecknadel im Heuhaufen.

Sage und schreibe 1983, zehn Jahre nach dem Verbrechen, fand man dieses Depot zufällig während einer Hausrenovierung. Hätten die Ermittler im Juni 1973 gewusst, wie nahe sie der Entdeckung bereits gekommen waren, hätten sie den Fall vermutlich rasch aufklären können. Doch das Schicksal entschied anders. Ein Jahrzehnt später, im August 1983, war Tatortchef Erich Zoglmann dann allerdings einigermaßen verärgert über seine Männer …

Aber zurück zum Juni 1973. Bei der nochmaligen Befragung von Dvoraks Mutter stellte sich heraus, dass der junge Rathausbeamte von einem anderen Mitglied des Karateclubs einen alten Bauernhof kaufen wollte. Dieser schon recht baufällige Vierkanthof stand in Mitterndorf bei Obergrafendorf im Bezirk Sankt Pölten und sollte zweihundertzwanzigtausend Schilling kosten. Das ging aus einer schriftlichen Abmachung hervor, die unter den

Dokumenten Richard Dvoraks gefunden worden war. Er hatte für das Projekt einen Bausparvertrag abgeschlossen, sich die Sache nach der Aussage des Bauernhofbesitzers allerdings anders überlegt. Dvorak ließ sich dreiunddreißig Schilling von der Bausparkasse auszahlen und nahm davon schließlich für die Japanreise jene zwanzigtausend Schilling, die verschwunden blieben.

Bei seiner Einvernahme am 16. Juni 1973 musste der Bauernhofbesitzer, ebenfalls ein junger Mann aus dem Clan rund um Dvorak, zugeben, dass er vor allem in der Umgebung seines Bauernhofs in Mitterndorf Schussübungen unternommen hatte. Er sagte aus, dass Dvorak sich mit Sprengstoff befasst und gemeinsam mit anderen, die er selbst jedoch nicht kenne, zwecks »Übung« einen Holzschuppen in die Luft gejagt hätte. Wo genau das gewesen war, hatte der Bauernhofbesitzer nicht gewusst. Oder nicht wissen wollen.

Die Beamten der Erhebungsabteilung forschten genauer nach. Denn dem Besitzer jenes Holzschuppens war sicher aufgefallen, dass sein Eigentum zerstört worden war, und er hatte das Delikt vermutlich auch angezeigt. Tatsächlich lag ein ungeklärter Sprengstoffanschlag vom Juli 1971 auf eine Jagdhütte nahe Brunn am Gebirge bei den Akten. Die Ermittler nahmen nun an, dass Richard Dvorak daran beteiligt gewesen war. Sie entwickelten, neben der These von der absichtlichen Tötung Dvoraks durch die Hintermänner der Wiener Anschläge, eine zweite Theorie für einen möglichen Tathergang: Es könnte zu einem tödlichen Unfall gekommen sein, als Dvorak und seine Bekannten mit Sprengstoff hantierten. Die Teilnehmer dieser »Übung« hatten die Leiche dann vielleicht mit einer weiteren Explosion an der Südautobahn beseitigen und so die Spuren verwischen wollen.

Generell schienen Dvoraks Freunde und Bekannte seltsame Steckenpferde zu reiten: Sie sammelten Waffen diverser Bauart, veranstalteten Schießübungen in ihren Wohnungen, absolvierten Sprengmeisterkurse in Steinbruchbetrieben und trafen sich an entlegenen Orten zu nächtlichen Karatekämpfen. Einer ihrer Lieb-

Dvorak und seine Freunde während eines Sprengkurses.

lingsplätze war der sogenannte Postbunker bei Purkersdorf, der der deutschen Wehrmacht als Nachrichtenzentrale während des Krieges gegen die Sowjetunion gedient hatte. Doch die heimlichen Treffen – man ist leicht versucht, sie »unheimlich« zu nennen – fanden auch andernorts statt, im Bezirk Sankt Pölten zum Beispiel, im Raum entlang der Südautobahn in Niederösterreich, auf einem Schießplatz bei Rauchenwarth nahe Schwechat und im Keller eines Wohnhauses in Wien Grinzing. Letzterer gehörte einem Gesinnungsgenossen, der sich am liebsten in Anlehnung an den berüchtigten SS-Schergen »Heydrich« nennen ließ.

Alles deutete auf die Existenz eines militanten Geheimbundes hin, auf einen Zusammenschluss von rechtsradikalen Extremisten. Und Richard Dvorak war einer dieser Waffennarren und Sprengstofffanatiker gewesen. War es zu einer Fehde innerhalb des Bündnisses gekommen? Wollte Dvorak aussteigen, und wurde er deshalb »hingerichtet«? Die Sonderkommission prüfte auch diese dritte Theorie, die angesichts der obskuren Regeln, die in mafiösen Organisationen gelten, durchaus wahrscheinlich war und zudem durch Dvoraks Besserungsvorsatz und die geplante Japanreise untermauert wurde. So verhält sich jemand, der in schlechte Gesellschaft geraten ist und wieder von ihr loskommen will, hieß es.

Und wo es drei Theorien gibt, werden bald auch eine vierte und eine fünfte aufgestellt. Da war beispielsweise nach wie vor die Vermutung, der Mord könnte mit dem jüdischen Auswanderertransport nach Schloss Schönau zusammenhängen. Die mehrmals verworfene und wieder aufgegriffene These eines missglückten Anschlags auf die sowjetischen Juden stand immer noch zur Debatte. Sie war auch der Grund, weshalb die Sonderkommission mögliche Verbindungen Richard Dvoraks zu extremistischen arabischen Gruppen untersuchte. In diesem Zusammenhang erschien den Ermittlern bemerkenswert, dass der Journaldienst des Innenministeriums just in jenen Tagen eine Mitteilung erhielt, die palästinensische Flugzeugattentäterin Leila Khaled würde planen, unter dem Falschnamen Luna Maria Chavesch in Wien-Schwechat zu landen. Eine Spur, der sie trotz medialer Kritik nachgehen mussten.

Sogar ein Zusammenhang mit der Japanischen Roten Armee (JRA) war denkbar. Drei Mitglieder dieser Terrororganisation hatten im Mai 1972 in der Eingangshalle des Flughafens von Tel Aviv wahllos auf die gerade ankommenden Passagiere eines Air-France-Fluges gefeuert, dabei achtundzwanzig Menschen getötet und mehr als doppelt so viele verletzt. Laut eines Bekannten aus dem Karateclub hatte Dvorak eine Brieffreundschaft zu einer Japanerin unterhalten, die nun durch Interpol überprüft werden sollte.

Doch all das waren nur Theorien, und Kriminalisten verlassen sich lieber auf Tatsachen. Wie etwa Dvoraks verschwundenes Reisegeld, das ein Raubmotiv nahelegte. Vielleicht hatte ja einer seiner Freunde aus dem Karateclub Dvorak umgebracht, die zwanzigtausend Schilling gestohlen und den Mord als Sprengunfall tarnen wollen.

Rayonsinspektor Ottokar Pücher und Revierinspektor Franz

Lackner von der niederösterreichischen Erhebungsabteilung waren in der Sonderkommission mit Bezirksinspektor Josef Sedelmayer von der Brandgruppe zusammengespannt. Die drei fanden heraus, dass der frühere Lebensgefährte von Dvoraks Mutter im Sommer 1971 auf einem Parkplatz an der Wiener Höhenstraße ermordet worden war. Es wurde damals vermutet, dass der Mann zu nächtlicher Stunde Liebespärchen in Autos beobachtet hatte und von einem der aufgebrachten Liebhaber erschossen worden war. Der Täter wurde nie gefunden.

Auch Carmen N., die wie Dvorak Karate trainiert hatte, war Opfer eines Mordes geworden, man hatte die junge Frau wenige Monate zuvor in der Donau ertränkt. Zwar stellten Pücher und seine Kollegen keinerlei Zusammenhänge zu diesen beiden Mordfällen her, nahmen aber die erstaunlichen Parallelen zu Protokoll. Sie baten die Grazer Kriminalpolizei um Mithilfe, denn Grazer Karatemannschaften sollten an derselben Japanreise teilnehmen, die Dvorak machen wollte. Kurzum, große Teile des nationalen und internationalen Ermittlungsapparates setzten viele Hebel in Bewegung, um Informationen über Dvorak und seine Bekannten zu erhalten.

So stießen die Fahnder auch auf Gregor Slabatnigg. An einem Interview, das der junge Kärntner einen Monat später, im Juli 1973, der Kronenzeitung gab, zeigt sich deutlich die Geisteshaltung, die in der Gruppe rund um Dvorak herrschte. Auch Slabatnigg war ein Freund des Gesprengten gewesen. Er wandte sich an die Medien, weil er sich von den Ermittlern zu hart angefasst und von den Leuten in seiner Umgebung zu Unrecht denunziert fühlte. »Als ich unlängst ein Geschäft betrat, hat mich die Verkäuferin schreckensbleich gefragt, ob ich auf der Flucht wäre«, wird der gelernte Büchsenmacher in dem Artikel zitiert.

Slabatnigg kaufte sich in einem Dorf in den Karawanken ein ehemaliges Arbeiterwohnhaus der KESTAG (Kärntnerische Eisen- und Stahlwerksgesellschaft), richtete in den leer stehenden Wohnungen eine Kampfhundezucht ein, baute sich in einem Stollen einen unterirdischen Schießstand und – was die Sache vervollständigt – hatte über seine Karateleidenschaft Kontakt zu Richard Dvorak. Die beiden kannten einander seit ihrer Bundesheerzeit in den sechziger Jahren, als sie ihre Ausbildung in der Heeresnahkampfschule der Wiener Maria-Theresien-Kaserne absolvierten. Eine Zeit lang wohnte Slabatnigg im selben Wohnblock in der Mollardgasse.

»Ich werde als wilder Schläger und blindwütiger Fanatiker bezeichnet«, beklagt der Kärntner sich in der Kronenzeitung. Auf seine ungewöhnlichen Hobbys angesprochen, reagiert er heftig: »Ich bin Sportschütze, das sind viele andere auch, ohne mit Geheimbünden in Zusammenhang gebracht zu werden. Meine sogenannte ›Bluthundezucht‹ besteht aus vier Bullterriern, die ich verkaufen möchte. Die ›Festung‹, in der ich angeblich wohne, ist ein Bauernhaus, das ich zum Teil vermietet habe.«

An eines erinnere er sich gar nicht gern, behauptete der damals Sechsundzwanzigjährige in dem Zeitungsbericht. Was im Übrigen die Frage aufwirft, weshalb er die Begebenheit dann brühwarm einem Boulevardreporter erzählte. Vielleicht bildete er sich in Wahrheit doch einiges auf sein Erlebnis ein: Als Slabatnigg neunzehn war, kam ein Schausteller mit einem sibirischen Braunbären in seinen Heimatort. Auf einem Plakat wurde angekündigt, wer gegen den Bären kämpfe und ihn dreißig Sekunden lang auf dem Boden fixieren könne, würde tausend Schilling bekommen. Der Artikel in der Kronenzeitung jedenfalls schließt mit der Schilderung, wie Slabatnigg mit dem Zirkusbären rang und das ihm überlegende Tier beinahe mit einem Judokniff zu Boden werfen konnte. »Ich habe es zweimal versucht«, gesteht Slabatnigg nicht ohne Stolz, »und hätte es einmal fast geschafft.«

Da gab es also eine Gruppe junger Burschen mit einer ausgeprägten Vorliebe für Waffen, Sprengstoffe und Kampftechniken, eine eingeschworene Gemeinschaft, deren Mitglieder sich bisweilen mit den Namen von SS-Bonzen titulieren ließen, gelegentlich mit Zirkusbären rangen und den Männlichkeitskult auf die Spitze trieben. Es fiel auf, dass der Clique keine Frauen angehörten, zwischen den Kumpanen eine besondere Vertrautheit herrschte und einige von ihnen offenbar homosexuell miteinander verkehrten. Alle Anzeichen deuteten auf eine Neonazibande hin, oder zumindest auf eine Gruppe, die leicht eine Neonazibande hätte werden können. Mit dabei war der Bauernhofbesitzer, der selbst Schussübungen unternommen hatte – in letzter Zeit häufig gemeinsam mit Richard Dvorak.

Dessen Mutter hatte am 13. Juni 1973 gegen 6.00 Uhr morgens mehrmals die Nummer des jungen Mannes gewählt. Doch der hatte nicht abgehoben. Tagsüber suchte Frau Dvorak vergeblich nach ihrem Sohn. Am Abend des 13. Juni fand sie keine Ruhe mehr, sie fuhr mit ihrem Lebensgefährten nach Tullnerbach. Sie registrierte einen auf dem Grundstück abgestellten Einachsanhänger und – sie hatte Glück: Ernst Dostal, der Freund ihres Sohnes, war zu Hause. Er machte sich sofort erbötig, Frau Dvorak nach Mitterndorf zu fahren, ihren Begleiter schickte man nach Wien zurück.

Und so geschah es dann auch. Ernst Dostal und Liselotte Dvorak fuhren gemeinsam in Dostals VW die fünfundvierzig Kilometer nach Westen und suchten in und um Dostals Bauernhof nach Richard Dvorak. Freilich vergeblich. Denn dessen Leiche war ja bereits um 3.26 Uhr früh gesprengt worden.

3. Die Wurzel des Übels – Der Zeuge wird verdächtig

Es fängt immer harmlos an. Mit einer Kleinigkeit, die heruntergespielt wird. Ein Lausbubenstreich, wie die Leute sagen, mein Gott, das muss man doch verstehen. Und später heißt es dann: Also, dass der so was macht, das hätten wir ihm nie zugetraut. Jetzt ist es plötzlich da, das große Entsetzen. Und die Angst vor allem. Ja, wenn wir das vorher gewusst hätten! Dabei hätten sie nur ein bisschen hinschauen müssen, die Leute, ein bisschen weniger geschäftig tun und nicht nur denken: Was geht uns das an?

Aber es ist riskant, sich in fremde Angelegenheiten zu mischen. Denn womöglich stellt sich heraus, dass man unrecht hat, und dann steht man, salopp ausgedrückt, blöd da. Diejenigen allerdings, die den Ernst Dostal näher gekannt haben, wären am Ende nicht blöd dagestanden. Für sie hätte sich das Einmischen zur rechten Zeit gelohnt. Im Juni 1973 war es dafür freilich zu spät.

Hinterher haben selbstverständlich alle gescheit geredet. Journalisten, Psychologen, selbst ernannte Gerechte. Viel besser als die Exekutive wussten sie, wie in einem derartigen Fall vorzugehen sei. Einige Wochen lang standen die Gendarmen und Polizisten Ostösterreichs im Blickpunkt jener Öffentlichkeit, die sich so gerne auf ihre Kosten belustigt. Oder sie immer wieder attackiert – das eine Mal, weil sie angeblich jemanden zu hart angefasst hatten, das andere Mal, weil sie zu spät reagiert oder zu früh und zu viel geschossen hatten. Aber als die Angst im Wienerwald umging, forderte jeder, die Exekutive möge tunlichst rasch und rigoros durchgreifen. Nun sollten sich verunsicherte Beamte plötzlich zu unerschrockenen Helden mausern. Zu Teufelskerlen, die fehlerfrei und kalt wie Roboter agieren, die ihre Gesundheit und ihr Leben bereitwillig für den Schutz der Allgemeinheit riskieren. Es konnte nicht gut gehen.

Am Samstag, dem 16. Juni 1973, hatten Josef Sedelmayer, Wilhelm Stöckl und Ottokar Pücher von der Kriminalabteilung Niederösterreich den Auftrag, Ernst Dostal zu überprüfen. Sie fuhren in das sechzehn Kilometer westlich von Wien gelegene Tullnerbach, eine kleine Marktgemeinde, die dreitausendzweihundert Einwohner hat und von vierzehnhundert Hektar Wald umgeben ist. Auf der Gemeinde-Website steht zu lesen: »Die ruhige Lage mit besten Zufahrtsmöglichkeiten nach Wien war der Grund, dass Tullnerbach der Sommersitz vieler Großstadtfamilien wurde und auch heute noch ein sehr begehrtes Wohngebiet darstellt. Das liebliche Tal entlang des Wienflusses, der aufgestaute Wienerwaldsee mit Trinkwasserqualität sowie die ausgedehnten Buchenwälder machen Tullnerbach zu einem wahrhaften Juwel vor den Toren der Bundeshauptstadt.« Mit einer gehörigen Portion wienerischem Sarkasmus könnte man Tullnerbach also ebenso gut als einen Ort in Niederösterreich bezeichnen, in dem, wie in Hunderten anderen ländlichen Gemeinden auch, um Punkt 19.00 Uhr der Gehsteig eingerollt wird.

Die Dostals waren eine der Großstadtfamilien, die es sich leisten konnte, sich im begehrten Wohngebiet niederzulassen. Am nötigen Kleingeld mangelte es nicht. Das stellten die drei Kriminalisten im Handumdrehen fest. In der gepflegten kleinen Villa war zwar der junge Mann, den sie zu überprüfen hatten, vorerst nicht zugegen, aber sein Vater war da.

Robert Dostal, 53, fuhr einen Mercedes 220 D, einen Wagentyp, den sich Anfang der siebziger Jahre in Österreich kaum ein Durchschnittsverdiener leistete. Ein paar ermunternde Fragen genügten, und der kleine Mann mit der großen Brille und dem grauen Haar erzählte bereitwillig von seinem Werdegang: Als Maschinenbauingenieur hatte er es zum Direktor einer im Jänner 1973 liquidierten Firma gebracht, die Seilbahn- und Förderanlagen herstellte. Bedauerlicherweise, so sagte er, hätten sich im Vorjahr zwei schwere Seilbahnunglücke mit etlichen Toten in der Schweiz und in Frankreich ereignet, die das Geschäft deutlich gebremst hatten. Deshalb betreibe er, Dostal senior, jetzt seine eigene Handelsagentur und verdiene mit der Generalvertretung von

Stanz- und Drehteilen aus Schweizer Produktion ziemlich stattlich. Die Millionen, die später die Boulevardblätter kolportierten, konnte er damit aber wohl nicht scheffeln.

Robert Dostal.

Stammhalter Ernst jedenfalls war für viertausend Schilling monatlich und gegen freie Kost und freies Logis bei seinem Vater angestellt. Wie der Ältere mit dem Mercedes fuhr auch der Jüngere mit seinem nagelneuen grünen VW-Käfer durch ganz Österreich, um Kunden zu besuchen. Jetzt, beim Eintreffen der Ermittler, war er allerdings in Wien unterwegs, um »geschäftliche Erledigungen durchzuführen«, wie Robert Dostal sich ausdrückte.

Gemeinsam mit dem Vater anwesend war auch die Mutter, Theresia Dostal, 53. Beide Elternteile gaben an, dass sie vom 1. bis 15. Juni Urlaub in Bad Gastein gemacht hatten und ihr Sohn, ein Einzelkind, allein zu Hause gewesen war. Sie könnten daher keine Angaben darüber machen, wo sich Ernst in der Nacht zum 13. Juni aufgehalten hatte. Einhellig erklärten sie, »dass er wahrscheinlich spätestens ab Mitternacht zu Hause gewesen sein wird«. Ja, er sei wohl öfters nach Wien gefahren, aber nie später als um 22.00 Uhr von dort zurückgekehrt.

Robert Dostal erwähnte auch, dass die Familie noch ihre alte Zimmer-Küche-Kabinett-Wohnung in Wien-Neubau besaß. Sie lag im Nachbarbezirk von Richard Dvoraks Wohnung in der Mollardgasse. Die Unterkunft, berichtete Dostal senior, würde er nur fallweise benutzen, um Besucher aus dem Ausland darin einzuquartieren. Daraufhin stocherten die Kriminalisten ein wenig nach, ob der Sohn sich nicht vielleicht des Öfteren dort aufhalte, zum Beispiel um sich mit einem Mädchen zu treffen, was ja nur natürlich gewesen wäre. Doch seine Eltern sagten: »Nein, der Ernsti kommt nur gelegentlich in diese Wohnung, allein über-

Ansichtskarte der Eltern aus Bad Gastein, adressiert an eine Verwandte.

nachtet hat er dort noch nie.« Im Übrigen habe er keine Mädchenbekanntschaften und nur ganz wenige, ausgewählte Freunde, von welchen ihnen lediglich Richard Dvorak näher bekannt sei, »weil er vor einiger Zeit den Ernsti hier in Tullnerbach besucht hat«.

Gleichfalls übereinstimmend reagierten Robert und Theresia Dostal auf die Frage, ob ihr Sohn mit Sprengstoffen experimentiert habe: bass erstaunt. »Das ist uns nie aufgefallen«, behaupteten sie. »Wohl ist er ein Waffenliebhaber, er besitzt mehrere Gewehre und eine Pistole, damit übt er das Schießen.« Sie sagten das, als wäre es das Normalste auf der Welt, als gehöre die Fertigkeit im Umgang mit Schusswaffen zum Allgemeinwissen wie Algebra und Arithmetik. Grundausbildung für höhere Söhne gewissermaßen.

Die Aussagen der Nachbarn deckten sich in etwa mit den Angaben der Eltern. Es wurden zwar ab und zu Schüsse in der Nähe des Dostal-Hauses wahrgenommen, aber nie stärkere Detonationen. Also offenbar keine Experimente mit Sprengstoff. Robert Dostal nannten die Nachbarn den »Herrn Direktor«, wobei ihr Wissen um den Titel vermutlich aus dem Telefonbuch stammte, denn keiner konnte sagen, welche Art von Direktor Dostal senior genau war. Die Familie lebe sehr zurückgezogen, hieß es, und pflege kaum Kontakte zu den übrigen Ortsbewohnern.

Ernst Dostal beschrieben die Tullnerbacher als mittelgroß, unscheinbar und immer hilfreich. »Er ist technisch sehr begabt«, sagten sie, »und bastelt oft bis spät in die Nacht an seinen Autos.« Fahrzeuge wechselte er anscheinend so oft wie heute viele junge Leute ihre Handys. Zum Beispiel hatte er einen Ford Mustang und einen Hillmann Super Minx besessen, womit er die Dorfjugend schwer beeindruckte. Mädchen gab es keine in seinem Leben, zumindest hatte man ihn nie in Begleitung einer jungen Frau gesehen. Wenn ein Gleichaltriger ihn aufforderte, zu einer Tanzveranstaltung mitzugehen, lehnte er ab. Er sagte frank und frei: »Ich habe etwas Besseres vor.« Man erinnerte sich auch an den

Theresia Dostal und ihr »Ernsti« – ein Muttersöhnchen?

Ernst Dostal, geboren am 14. Oktober 1950.

Ausspruch: »Ich will nie heiraten, denn eine Frau wie meine Mutter gibt es nicht mehr.«

Um 12.45 Uhr erschien er dann leibhaftig. Dunkelhaarig, schmächtig, scheinbar ungelenk. Ein junger Mann in seinem dreiundzwanzigsten Lebensjahr mit tiefem linksseitigen Scheitel, langem Deckhaar, der damaligen Mode entsprechenden schlanken Koteletten und schütterem Oberlippenbärtchen. Tatsächlich unscheinbar. Einzig auffallend an seinem Äußeren war das Fehlen von Wimpern am unteren Augenrand und die hoch geschwungenen Brauen, die seinem Blick etwas Hochmütiges verliehen. Aber Ernst Dostal hatte gute Manieren, und er drückte sich in gewähltem Hochdeutsch aus. Bereitwillig begleitete er die Kriminalisten, als sie ihn baten, mit auf den örtlichen Gendarmerieposten zu kommen, um ein Protokoll aufzunehmen.

Eine Routineangelegenheit. Vernehmung außerhalb der vertrauten Umgebung, getrennt von Vertrauenspersonen. Ernst Dostal erschien den Ermittlern zunächst nicht verdächtiger als die anderen Freunde Dvoraks. Auch hielten sie es für unwahrscheinlich, dass er zu den Nazis tendierte, denn die Beziehung zu seinem Vater war offensichtlich sehr innig. Und Robert Dostal konnte doch kein Nazi sein: Als uneheliches Kind eines Juden hatte er während der NS-Zeit drei Jahre in einem Konzentrationslager verbracht.

Dennoch fühlten Ottokar Pücher und Josef Sedelmayer dem jungen Mann fünf Stunden lang auf den Zahn. Sie wollten herausfinden, ob er im Besitz von Richard Dvoraks verschwundenen zwanzigtausend Schilling war. Wovon hatte er denn zum Beispiel den neuen grünen VW-Käfer bezahlt?

»Ich habe den Wagen seit dem 15. März«, antwortete Ernst Dostal. »Das Auto hat zweiundsechzigtausend Schilling gekostet, vierzigtausend Schilling habe ich von meinem Vater bekommen, den Rest von meinen Ersparnissen genommen.«

Und womit hatte er den Bauernhof in Mitterndorf angekauft?

»Der alte Vierkanthof gehört mir seit zirka einem Jahr. Er steht leer. Es befinden sich dort nur einige Hühner, die ich selbst versorge. Ich habe den Hof um einhundertfünfzigtausend Schilling von einem Landwirt gekauft. Fünfzigtausend Schilling stammen von meinen Ersparnissen, hunderttausend Schilling hat mir mein Vater geschenkt.«

Der Vater. Anscheinend hatte Robert Dostal seinem Sohn jeden Wunsch von den Augen abgelesen, und der gab das auch unumwunden zu: »Wenn ich mich in finanziellen Schwierigkeiten befinde, erhalte ich von meinem Vater jederzeit Unterstützung. Ich möchte aber erwähnen, dass ich nie unter Geldknappheit litt.«

Ganz offensichtlich nicht, denn Ernst Dostal verfügte über mehrere Sparkonten, bewahrte eine stattliche Summe Schweizer Franken im Panzerschrank seiner Eltern auf und hatte Scheine im Wert von mehr als zehntausend Schilling in seiner Brieftasche bei sich. Dazu meinte er: »Ich trage immer so viel Bargeld bei mir, weil ich sehr oft mit meinem Wagen unterwegs bin und gerne eine Reserve für eventuelle Reparaturen dabei habe.«

Die Quintessenz seiner Aussage war eindeutig: Einer, der derart im Geld schwimmt, hat es nicht nötig, seinen Freund wegen zwanzigtausend Schilling umzubringen. Im Gegenteil. Dostal gab zu Protokoll, dass er es gewesen sei, der Dvorak immer wieder aus der Klemme geholfen habe. »Der Richard hatte eine Schrotflinte, die sich zurzeit in meinem Besitz befindet. Er hat mich vor ungefähr einem halben Jahr ersucht, ich möge ihm dreitausend Schilling für die Flugkarte nach Japan leihen. Als Sicherheit hat er mir diese Waffe überlassen. Es existiert zwar kein schriftlicher Beleg, aber möglicherweise hat er seiner Mutter davon erzählt. Ich habe dem Dvorak auch früher schon öfters Summen in dieser Größenordnung geborgt. Er hat mir das Geld immer zeitgerecht zurückgegeben.«

Selbstverständlich wollten Ottokar Pücher und Josef Sedelmayer von Dostal auch Näheres über die Art der Freundschaft erfahren, die ihn und den Gesprengten verbunden hatte. »Wir haben uns öfters in Wien getroffen, in der Wohnung meiner Eltern in der Neustiftgasse. Meistens habe ich den Richard aber aus seiner Wohnung abgeholt. Von dort sind wir irgendwohin schießen gefahren, meistens zum Verbandsschießplatz in Rauchenwarth. Der ist nur für Jagdausübungsberechtigte zugänglich, und wir haben uns immer die Bewilligung vom Bezirksjägermeister geholt. Dazu möchte ich bemerken, dass ich vor ungefähr eineinhalb Jahren die Jagdprüfung abgelegt habe. Dvorak hat das schon vor längerer Zeit getan.«

In diesem Zusammenhang zählte Ernst Dostal die Waffen auf, die er besaß. Da waren verschiedene Jagd- und Sportgewehre und eine Pistole der Marke FN (FN = Fabrique Nationale, Waffenhersteller in Belgien, der im Zweiten Weltkrieg Pistolen an die SS, aber auch an die alliierten Streitkräfte lieferte). Für diese Pistole hatte Dostal nicht nur eine Waffenbesitzkarte, sondern auch einen Waffenpass, der ihn berechtigte, die Waffe mit sich zu führen. Die Ermittler notierten die Nummer des Passes (056300) und das Ausstellungsdatum (6. Dezember 1971). Dann erkundigten sie sich nach Dostals Erfahrungen mit Sprengstoff.

»Ich habe noch nie eine größere Menge Sprengstoff besessen«, antwortete der junge Mann höflich. »Ich hatte auch nie auf dem Bauernhof in Mitterndorf im Keller oder sonst irgendwo Sprengstoff verwahrt. Nur während meiner Schulzeit habe ich einmal über ein Viertel Kilogramm Schwarzpulver verfügt. Das habe ich mir beim Waffenhändler Weber am Südtirolerplatz besorgt und an meinen Mitschüler Köhler weitergegeben. Köhler wollte sich damals eine Vorderladerwaffe kaufen und dieses Pulver dafür verwenden. Was dann damit geschehen ist, weiß ich nicht mehr.« Noch einmal betonte Dostal, dass er sonstige Sprengmittel nie besessen und auch nicht mit Explosivstoffen experimentiert hätte. »Nur Patronen für meine Waffen habe ich mir beschafft, und die bewahre ich im Panzerschrank meiner Eltern auf.« Nachsatz: »Dvorak hat mir oft erzählt, dass er mit Personen verkehrt, die mit Sprengstoffen hantieren. Auch er selbst dürfte sich mit der Herstellung solcher Stoffe beschäftigt haben.«

Eine Nachschau im Tullnerbacher Wohnhaus und im Mitterndorfer Bauernhof innerhalb der nächsten Tage verlief negativ. Es gab keine Hinweise auf das gesuchte Sprengstofflager. Was das Schwarzpulver betrifft, das Dostal laut eigener Aussage während seiner Schulzeit kurzfristig besessen hatte, so fanden Beamte der niederösterreichischen Erhebungsabteilung später heraus, dass er als Fünfzehnjähriger einen regelrechten Waffenhandel unter seinen Mitschülern aufgezogen hatte.

Ernst Dostal war seinerzeit in eine HTL (Höhere Technische Lehranstalt) gegangen. In Wien-Favoriten, in der Pernerstorfergasse 81, ließ er sich in der Fachrichtung Gießereitechnik ausbilden. Er war ein ehrgeiziger Schüler mit fabelhaften Zensuren gewesen. Doch am 6. Mai 1966 platzte unvermutet eine »Bombe«: Der Großvater eines Mitschülers rief, bezeichnenderweise ohne seinen Namen zu nennen, in der Direktion der HTL an. Der zufällig anwesende Fachvorstand nahm das Gespräch entgegen. Ziemlich aufgebracht erklärte der Mann am anderen Ende der Leitung, dass fast alle Schüler der G1-Klasse Pistolen bei sich tragen würden.

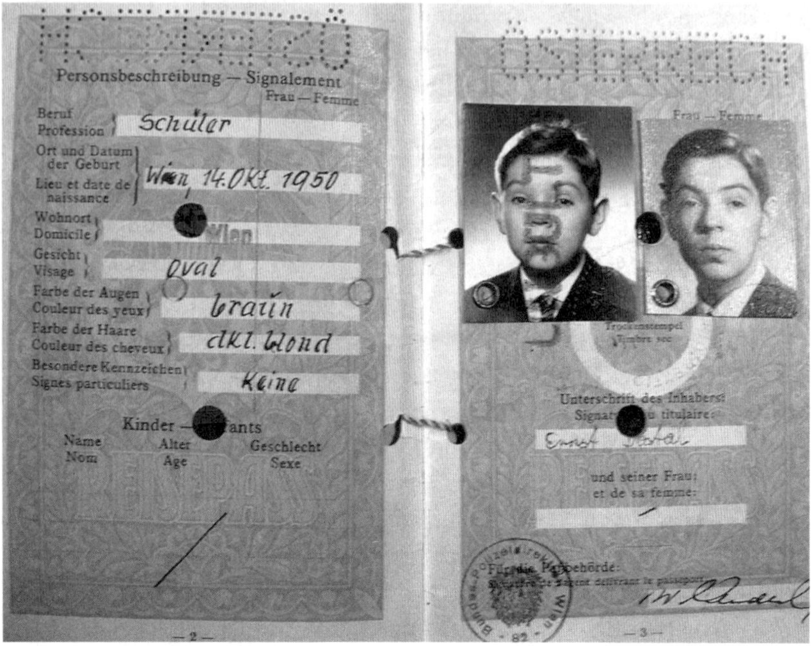

Reisepass des Schülers Ernst Dostal.

Wie sich herausstellte, war »fast alle« etwas übertrieben. Aber der um seinen Enkel besorgte Herr betonte, der Schüler Dostal sei der Rädelsführer dieser Pistolenträger, tue er sich doch ganz besonders hervor, indem er seinen Klassenkameraden die verschiedensten Schusswaffen, unter anderem eine Pistole im Schulterhalfter, vorführe.

Jetzt könnte man denken: Der Mann übertrieb. Wahrscheinlich handelte es sich nur um eine Pistolenattrappe, ein bisschen Angeberei, normal für einen Halbwüchsigen und im Grunde harmlos. Aber ein Fachvorstand und ein Schuldirektor dürfen so etwas freilich nicht auf die leichte Schulter nehmen. Schnurstracks begaben sich die beiden Lehrer in die G1, Ernst Dostal musste seine Taschen ausräumen, und plötzlich lag eine Neun-Millimeter-Halbautomatik mit passender Munition auf dem Tisch.

Daraufhin hatten vierzehn männliche Pubertierende – es war eine sehr kleine Klasse – ihre Hosen-, Jacken-, Schultaschen und Bankfächer zu entrümpeln, wobei ein muffiges Durcheinander, angefangen von vergessenen Jausenbroten bis hin zu vergammelten Schweißsocken, zum Vorschein kam. Zweifellos hätte man die faszinierendsten Mikrobenkulturen damit ansetzen können. Jedenfalls fand sich bei der ganzen Aktion sonst nur beim Schüler Köhler eine weitere Waffe, und zwar ein Fixiermesser mit beeindruckender Klinge.

Im anschließenden Verhör durch den Direktor behauptete Ernst Dostal, dass er einige Wochen zuvor in der Lobau von einer Horde Halbwüchsiger überfallen und um fünfundzwanzig Schilling erleichtert worden sei. Deshalb, und nur deshalb, würde er die Pistole seines Vaters bei sich tragen. Der Vater habe diese Waffe in Deutschland gekauft. Im Übrigen sei er, Dostal, nicht der Einzige, der Schusswaffen in die Schule mitnehme, da wären auch noch der Köhler, der Mayer und der Sagmeister. Im Protokoll des Disziplinierungsfalls ist nachzulesen, was diese drei Burschen damals ausgesagt hatten:

Schüler Köhler: Annähernd dieselbe Geschichte. Angebliche Bedrohung durch Halbwüchsige in Rekawinkel, darum Pistole zur Selbstverteidigung nötig. Waffe zum Preis von dreihundert Schilling von Dostal erstanden. Stammte von Dostals Vater, der sie in Deutschland gekauft hat.

Schüler Mayer: Pistole zum eigenen Schutz um achtzig Schilling von Köhler gekauft. Köhler wiederum hat sie von Dostal erworben. Herkunft von Dostals Vater. Dieser hat die Waffe von einem Deutschlandaufenthalt mitgebracht.

Schüler Sagmeister: Schreckschussrevolver um hundertzwanzig Schilling direkt von Dostal gekauft, zum Schutz vor den vermeintlichen Bösen in den Wäldern Wiens. Und, ja, Waffe stammte von Dostals Vater. Aus Deutschland.

Was unternahm nun der Direktor? Logischerweise zitierte er alle vier Väter, die über den Waffenbesitz ihrer fünfzehnjährigen

Söhne voll im Bilde waren, zu sich. Was dabei herauskam, liest sich im Bericht des Fachvorstandes vom 6. Mai 1966 so:

Der Direktor gab gegenüber jedem einzelnen Vater seiner Verwunderung Ausdruck, dass er die Erlaubnis zum Besitz solcher Waffen erteilt und sich teilweise sogar zum Besorgen derselben hergegeben habe. Er ersuchte sie im Hinblick auf die Wünsche der Elternschaft und mit Rücksicht auf das Renommee der Schule, alle diese Waffen zu kassieren. Aus pädagogischen Gründen empfahl er, die beschlagnahmten Waffen bis Schulschluss im Besitz der Direktion zu belassen. Sämtliche vorgeladenen Väter erklärten sich mit den Maßnahmen einverstanden, bedauerten diese Vorfälle und versprachen Sorge zu tragen, dass solche Vorkommnisse in Hinkunft vermieden werden. Angemerkt darf nur mehr werden, dass der Vater des Schülers Dostal erst nach eindringlicher Aufklärung durch den Direktor eingesehen hat, dass der Besitz und die Mitnahme von Waffen in die Schule durch Minderjährige vollständig unzulässig sind.

»Der Vater war die treibende Kraft«, ist auch Tatortchef Erich Zoglmann heute überzeugt. Robert Dostal als Wurzel des Übels.

Was den »Lausbubenstreich« in der HTL angeht: Harmlos war er beileibe nicht. Doch Ernst Dostal, der hochbegabte Schüler, und seine drei Klassenkameraden verbesserten fortan ihr Betragen – oder ließen sich nicht mehr bei ihren Waffenschiebereien erwischen. Dostal jedenfalls maturierte 1970 mit Auszeichnung an jener HTL und begann ein Maschinenbaustudium an der Technischen Universität Wien. Dort lernte er auch den um drei Jahre älteren Richard Dvorak kennen. Genauer gesagt traf er ihn im Steinbruch der Hollitzer Baustoffwerke KG in Bad Deutsch-Altenburg.

Damit war am 16. Juni 73 bei der Vernehmung auf dem Gendarmerieposten in Tullnerbach die Katze aus dem Sack. Denn was tun zwei Technik-Studenten im Bad Deutsch-Altenburger Steinbruch? – Richtig, sie absolvieren, gemeinsam mit vierzig anderen Hochschülern, einen Sprengkurs.

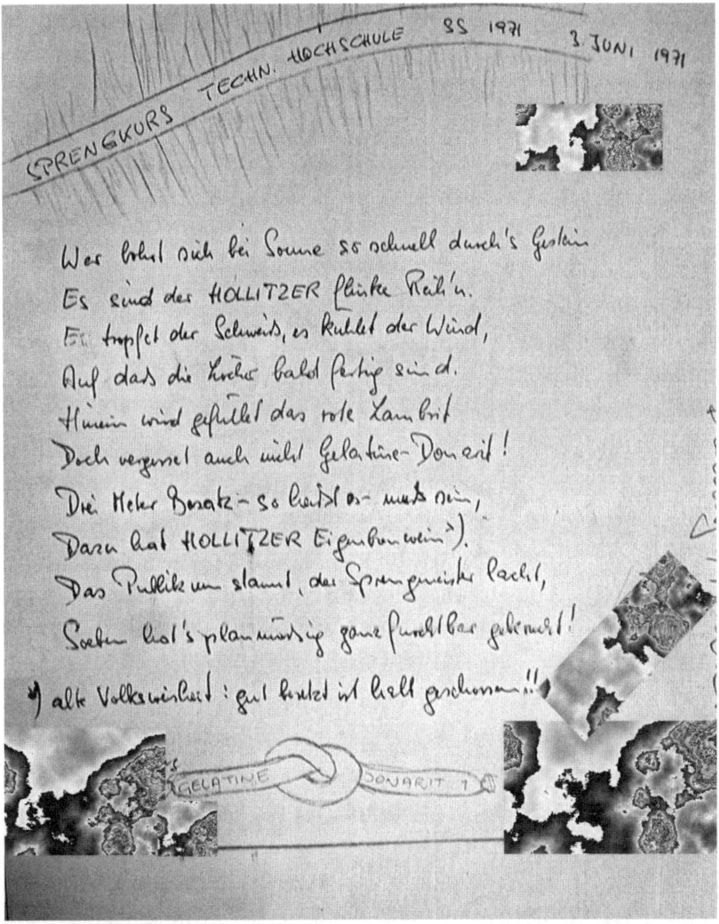

Souvenir vom Sprengkurs.

Wie Ermittler der niederösterreichischen Erhebungsabteilung später recherchierten, zeigte man den Teilnehmern dieses Kurses am 3. Juni 1971 eine Großlochsprengung mit zweihundertsechzig Kilogramm Gelatine-Donarit. Anschließend führten die Studenten praktische Übungen im Lochbohren und Sprengen von Steinen und Baumstöcken durch.

Ernst Dostal hatte also sehr wohl Erfahrung im Umgang mit Explosivstoffen. Die Falschaussage seiner Eltern ließe sich vielleicht noch mit Vergesslichkeit erklären, doch er selbst log offenbar bewusst. Zumindest war Ottokar Pücher davon überzeugt. »Man konnte mit dem Dostal gut reden. Er war hochintelligent, aber auch gefinkelt. Ich hatte von Anfang an das Gefühl: Der war's.« Pücher führte die Vernehmung, während Josef Sedelmayer den Kontakt mit den Kollegen vom örtlichen Gendarmerieposten aufrecht hielt. Und die meinten: »Unmöglich. Der Dostal, der kann das nicht gewesen sein.«

Sicher, Richard Dvorak war dem jungen Tullnerbacher körperlich haushoch überlegen. Ein Hundert-Kilo-Athlet gegen ein schmächtiges Bürschchen. Ein gewitztes Bürschchen allerdings. Eine kleine List, ein ordentliches Quantum Alkohol oder eine geladene Pistole hätten den Unterschied leicht wettmachen können. Aber hatte Dostal auch die zeitliche Möglichkeit, seinen Freund zu ermorden, dessen Leiche an die Südautobahn zu transportieren und in die Luft zu sprengen? Wie stand es um Ernst Dostals Alibi?

»Am 12. Juni 1973 fuhr ich um circa 10.00 Uhr von Tullnerbach nach Wien«, gab er zu Protokoll. Er habe verschiedene Postwege erledigt und sei gegen Mittag nach Hause zurückgekehrt, wo er sich ein Essen bereitet, die Firmenkorrespondenz erledigt und danach ein bisschen geschlafen haben wollte. »Um 20.00 Uhr fuhr ich abermals mit meinem Auto nach Wien und besuchte eine Vorstellung im Apollokino. Ein japanischer Film wurde gezeigt, der Titel ist mir nicht mehr in Erinnerung. Danach ging ich zum Nachtmahlessen in die Restauration Wildenauer in 1100 Wien, Quellenstraße.« Gegen 22.30 Uhr sei er dort angekommen, habe Cevapcici gegessen und sei von einem Kellner bedient worden. »Ich ging um circa 23.30 Uhr und traf gegen Mitternacht wieder in Tullnerbach ein. Anschließend habe ich die elterliche Wohnung nicht mehr verlassen.«

Dostal wollte Richard Dvorak das letzte Mal zwei Tage vor

dessen Verschwinden gesehen haben. Am Sonntag, dem 10. Juni, waren die beiden nachmittags gemeinsam zum Bauernhof nach Mitterndorf gefahren – zum Schießtraining. Dies bestätigte auch Dvoraks Mutter, denn Dostal hatte den Freund am Abend heimgebracht und war noch eine Zeit lang bei ihm geblieben. Sie sprachen über den Bauernhof, den Dvorak vorerst von Dostal pachten und später eventuell kaufen wollte, über Dvoraks bevorstehende Japanreise und über die Kündigung seines Bausparvertrags. Dostal wusste auch von den dreiunddreißig Schilling, die sein Freund erhalten würde.

Gegenüber den Kriminalisten erwähnte er noch, dass Dvorak am Dienstag, dem Tag seines Verschwindens, in der Mittagspause mit einem Mann zum Schachspielen verabredet gewesen sei. Auch von der Verbandssitzung im Karateclub habe der Freund ihm, Dostal, erzählt und davon, dass er danach in einem Gasthaus jemanden treffen wollte. Wer dieser Jemand gewesen sein könnte, wüsste er freilich nicht. Überhaupt habe er Dvorak nur selten in Begleitung anderer gesehen. In Erinnerung sei ihm noch ein Kärntner, der angeblich Kampfhunde züchtete, und ein gewisser »Richter«, was aber nur ein Spitzname sei. »Ich habe die Wohnung von Dvorak am 10. Juni um 20.00 Uhr verlassen und seit diesem Zeitpunkt nichts mehr von ihm gehört. Nein, ich habe auch nachher nicht mehr mit ihm gesprochen. Zu seinem Verschwinden kann ich keinerlei Angaben machen.«

Damit entließen Pücher und Sedelmayer den jungen Mann. Es galt nun, seine Angaben zu überprüfen. Die Ermittlungen in der Wohnumgebung der Familie in Tullnerbach förderten keine Hinweise zutage, dass Ernst Dostal sich mit fremden Burschen getroffen hätte. Während des Urlaubs seiner Eltern war er aber fast täglich abends weggefahren. Die Nachbarn hatten auch beobachtet, dass Dostal junior und senior in der Zeit vor dem Urlaub sehr häufig zu Hause gewesen waren. Es hatte den Anschein, dass sie keiner geregelten Arbeit nachgingen. Verschiedene Leute stellten sich überhaupt die Frage, womit die Dostals ihren Lebensunterhalt bestritten. Und der Inhaber des Gemischtwarenladens sagte aus, dass Ernst Dostal während der Abwesenheit seiner Eltern drei Flaschen Likör gekauft hatte.

Weiters stellten die Erhebungsbeamten fest, dass Dostal senior für seinen Mercedes einen Zweiradanhänger besaß, den der Junior öfters benützte. Ob er in der Nacht zum 13. Juni mit diesem Anhänger unterwegs war und damit eventuell erst in den frühen Morgenstunden nach Tullnerbach zurückgekehrt war, konnte nicht in Erfahrung gebracht werden.

Am Montag, dem 18. Juni 1973, kehrte Ernst Dostal, der den erwähnten Sprengkurs übrigens mit »sehr gut« abgeschlossen hatte, abermals den Musterschüler heraus. Um 13.05 Uhr rief er auf dem Gendarmerieposten Tullnerbach an und teilte dem diensthabenden Beamten mit, dass er einen Rückruf von Rayonsinspektor Pücher erbitte. Ottokar Pücher, der in der Kriminalabteilung in der Wiener Oberzellergasse saß und Berichte tippte, kam dem Ansinnen Dostals nach. Dabei erfuhr er Folgendes:

Dostal habe zu erwähnen vergessen, dass er Dvorak einige Male zu einem Bekannten in die Morizgasse gebracht hätte. Dieser Mann, dessen Name ihm entfallen sei, wäre etwa ein Meter achtzig groß und an die hundert Kilogramm schwer. Außerdem sei ihm, Dostal, nachträglich noch eingefallen, dass Dvorak seiner Mutter am Sonntagabend von einer bestehenden Lebensversicherung erzählt hätte. Falls sein Flugzeug nach Tokio abstürzen würde, hätte der Sohn erklärt, würde die Mutter hundertzehntausend Schilling erhalten.

Da war also einmal ein Zeuge, der die Gelegenheit prompt beim Schopf packte, wenn – wie vielfach filmisch umgesetzt – der Kommissar ihm am Ende der Befragung seine Visitenkarte aushändigt und sagt: »Wenn Ihnen noch was einfällt, rufen Sie mich an.«

Der Kriminalbeamte in der Realität freilich fragt sich in einem solchen Fall: Warum tut dieser Mensch das? Er hegt Zweifel an der Ehrlichkeit des Zeugen. Denn die meisten Leute sind normalerweise nicht gerade erpicht darauf, freiwillig in Kontakt mit der Polizei zu treten. Natürlich hätte Ernst Dostal ein notorischer Wichtigtuer sein können. Seine verspäteten Aussagen hätten aber durchaus auch dazu dienen können, andere Verdächtige ins Spiel zu bringen. Den Hundert-Kilo-Mann aus der Morizgasse zum Beispiel, ein körperlich ebenbürtiger Gegner für Dvorak. Oder die in der Lebensversicherung begünstigte Mutter, wie teuflisch!

Eine Woche nach der Sprengung an der Südautobahn, am Mittwoch, dem 20. Juni 1973, erfuhr man im Apollokino: »Haruschi – Das blanke Schwert der Rache« hieß der japanische Film, der am 12. Juni um 20.30 Uhr gezeigt worden war. Die Vorstellung hatte um 22.15 Uhr geendet. So weit, so gut. Die Zeiten passten zu Dostals Angaben.

Das Gasthaus Wildenauer in der Quellenstraße aber hatte am Montag und am Dienstag geschlossen. Ruhetage. Nur in der Imbissstube nebenan wurden Speisen zubereitet, die letzten um 21.45 Uhr. Doch um 22.00 Uhr war auch hier Sperrstunde. Außerdem bedienten dort nur Frauen die Gäste.

»Ich bin um 22.30 Uhr in der Restauration Wildenauer angekommen, habe Cevapcici gegessen und bin von einem Kellner bedient worden«, hatte Ernst Dostal am 16. Juni 1973 zu Protokoll gegeben.

Am 20. Juni brach sein Alibi zusammen.

4. Die blutige Flucht – Mordanschlag mit legal gekauften Waffen

»Was ist mit den anderen Burschen aus dem Karateclub?«, argwöhnte Oberstleutnant Schachner in der Dienstbesprechung am Donnerstag, dem 21. Juni. »Von denen kennen sich bestimmt auch welche mit Sprengstoff aus.«

Ottokar Pücher seufzte. Er wusste genau, worauf sein Chef hinauswollte: Es gab nicht den geringsten Beweis für die Schuld Ernst Dostals. Zwar konnte er sich den japanischen Film genauso gut an einem anderen Abend angesehen haben, und mit dem Gasthausbesuch hatte er definitiv gelogen. Aber es gab keinerlei Anhaltspunkte, dass er am Detonationsort an der Südautobahn gewesen war. Auch bei der freiwilligen Nachschau im Wohnhaus und auf dem Bauernhof waren keine Hinweise auf Dvorak gefunden worden. Lief er, Pücher, vielleicht Gefahr, sich an einem einzigen Verdächtigen festzubeißen? Aber da war nun einmal dieses Bauchgefühl, und das besagte: Ernst Dostal ist kein Unschuldslamm.

»Ich finde, einmal sollten wir ihn uns noch holen«, entgegnete Pücher seinem Chef.

»Also gut, ruf ihn an«, stimmte der zu. »Ich geb euch noch einen Tag. Dann wird der Akt Dostal geschlossen.«

Am selben Tag hefteten sich wie auch schon an den Tagen zuvor Zeitungsreporter an die Fersen der Erhebungsbeamten, um brandaktuell über die neuesten Entwicklungen in dem Fall zu berichten. So verlagerten sich die journalistischen Recherchen konform mit den polizeilichen Ermittlungen zur Familie Dostal nach Tullnerbach, und die Reporter bezogen Stellung vor dem Haus. Für Hans Konitschek von der Kronenzeitung lohnte sich das Warten. Ernst Dostal ließ ihn und den Fotoreporter Otto Mang zum Exklusivinterview ein. Drei Tage später erschien ihr Bericht:

»Es ist Abend. In einem Arbeitszimmer in der gepflegten kleinen Villa in Tullnerbach bei Wien sitzt Ingenieur Ernst Dostal. Morgen will er zur Erhebungsabteilung gehen, um einige Widersprüche in seinen Aussagen aufzuklären. Er ist nervös. Hastig steckt er sich eine Zigarette an. Und dann beginnt der Mann zu erzählen.«

Otto Mangs Foto von Ernst Dostal.

Von der Freundschaft zwischen Dostal und Dvorak berichtet der Artikel in der Folge. Vom Versuch, Komplexe abzuagieren und sich mit Waffen und Sprengstoff besondere Macht zu verschaffen. Otto Mang nützte sogleich die Gelegenheit und schoss mit seiner Kamera vom Bauch weg ein Foto.

Dostal protestierte: »Nein, ich will kein Foto. Ich will nur reden.« Als Konitschek die Rede aber von den seltsamen Hobbys weg auf den Kern der Geschichte brachte, war Dostal wie verwandelt:

»Die Begeisterung über den Sprengstoff und die Waffen war verschwunden, seine Stimme versagte mehrmals, wie um den Verdacht von sich abzuwenden, gab er haarsträubende Theorien zu dem Bombenmord bekannt: von Geheimdiensten, von Versicherungsbetrug, von geheimnisvollen Mördern, denen Richard Dvorak auf der Spur gewesen sei. Dabei zeigte aber Dostal eine verblüffende Sachkenntnis des Tatortes. ›Nein, nein, ich habe nur die Bilder in den Zeitungen gesehen‹, schrie er mit schriller Stimme, als die Frage gestellt wurde, ob er am Tatort gewesen sei. In diesem Augenblick kam der Vater ins Zimmer. Direktor Ingenieur Robert Dostal brachte eine Kanne Kaffee mit Milch. Der Sohn war nicht einmal in der Lage einzuschenken.«

»Man hat gemerkt, da stimmt etwas nicht«, sagt Mang in der ORF-Sendereihe »Tat-Sachen« über Ernst Dostals Verhalten an jenem Abend.

Von wegen den Akt Dostal schließen. Am Freitag, dem 22. Juni 1973 ging es erst richtig los. Ernst Dostal erschien pünktlich um 9.00 Uhr früh in der Rennwegkaserne, Wien-Landstraße, Oberzellergasse 1. Er parkte seinen VW-Käfer im Hof und meldete sich beim Journaldienst. In Zimmer 44 im ersten Stock warteten auf ihn bereits vier Kriminalisten, unter ihnen Ottokar Pücher, der auch diesmal die Vernehmung führte. Bevor die Beamten Dostal fragen konnten, ob er eine Waffe bei sich trage, öffnete er aus freien Stücken sein Sakko derart weit, dass man den ganzen Oberkörper im Hemd sehen konnte. Dabei sagte er: »Ich habe meine Pistole zu Hause gelassen.«

Ob die Ermittler Dostal danach nach Waffen abtasteten, lässt sich heute nicht mehr belegen. Fest steht: Es gab zum damaligen Zeitpunkt weder einen Hausdurchsuchungs- noch einen Haftbefehl gegen den HTL-Absolventen, er war lediglich als Auskunftsperson geladen. Demnach hatten die Beamten keine rechtliche Handhabe für eine Personendurchsuchung.

Zimmer 44 in der Rennwegkaserne.

Der Vormittag verging mit einer »Plauderei«, wie ein Ermittler es später der Presse gegenüber ausdrückte. Dostal versicherte nochmals, dass er am 12. Juni im Apollokino und im Gasthaus Wildenauer gewesen sei. Eingefallen sei ihm noch, dass er sich um circa 19.00 Uhr mit einem Nachbarn unterhalten habe. Die elektrische Klingel, die Dostal vor einiger Zeit bei ihm, dem Nachbarn, montiert hatte, sei dabei zur Sprache gekommen, der Fernsehapparat des Mannes und dessen Autobatterie, die Dostal gelegentlich auflud, weil er ein Ladegerät besaß, der Nachbar jedoch nicht.

»Ich fragte ihn noch, wo er denn heute seinen Hund habe, kann mich aber nicht mehr erinnern, was er antwortete«, erzählte Dostal den Kriminalisten.

Am selben Nachmittag habe er im Garten ein Loch für ein Fundament gegraben, weil die Terrassenplatten sich immer absenkten. Dabei dürfte ihn die Nachbarin gesehen haben.

Die »Plauderei« wurde für das Mittagessen unterbrochen, die Beamten nahmen Dostal in die Kantine mit, gegen 13.00 Uhr kehrten sie in das Vernehmungszimmer zurück. Dostal hängte sein Sakko über die Stuhllehne und setzte sich. Rayonsinspektor Pücher und Revierinspektor Lackner kauten mit ihm noch einmal seine Aussagen vom Vormittag durch, fingen an, eine Niederschrift zu tippen.

»Am späten Nachmittag ist es dann eng für ihn geworden«, erinnert sich Pücher. »Er durfte nicht telefonieren, konnte sich also keine Hilfe vom Vater holen. Wir wussten, dass er bald ›umfallen‹ wird.« Gegen 17.30 Uhr kam Pücher unumwunden zur Sache. Er sagte Dostal auf den Kopf zu, dass das Gasthaus Wildenauer am Dienstag geschlossen war. »Jetzt müssen wir den Staatsanwalt verständigen.«

Franz Lackner, der Rastlose, der immer zwischen den Büroräumen hin- und herpendelte, ging aus dem Raum. Matthias Horvath, der Wissbegierige, kam für ihn herein. Zufällig streifte er Dostals Sakko, wurde neugierig und griff in die Sakkotasche. Plötzlich hielt Horvath ein gutes Dutzend Patronen in der Hand.

Dostal reagierte unverzüglich. Er fuhr in seinen Hosenbund, zog einen Revolver – eine Smith & Wesson .38 special – heraus, den er zwischen den Beinen versteckt hatte, und schoss Horvath von der Seite in den Bauch.

Zu seinem eigenen Glück war Matthias Horvath nicht der Schlankeste, das Geschoss durchschlug die Fettschicht, lebenswichtige Organe blieben heil. Ottokar Pücher aber lief aus dem Zimmer, um Hilfe zu holen. Dostals Schuss traf ihn im Nacken. Mit der Kugel im Kehlkopf brach Pücher zusammen. Dostal sprang über ihn hinweg und rannte auf den Gang.

Zurück bleibt die Schreibmaschine mit der halbfertigen Niederschrift.

Panik auf beiden Seiten. Ernst Dostal, wild um sich schießend – Kriminalbeamte, von den Schüssen und Schreien ihrer verletzten Kollegen aufgeschreckt. Sie stürzten aus den angrenzenden Büros auf den Korridor, der Journalbeamte Harald Syrinek eilte mit gezogener Dienstpistole herbei, Dostal schoss ihm frontal in den Bauch, traf die Niere. Syrinek ging zu Boden, Dostal entwaffnete ihn. Die anderen duckten sich sofort in Fensternischen, gingen hinter Türen und Tischen in Deckung. Dostal feuerte hemmungslos auf alles, was sich bewegte. Dabei rannte er den dunklen, über hundert Meter langen Gang entlang. Den Beamten war es unmöglich, ihm nachzuschießen, denn immer wieder tauchten Kollegen in der Schusslinie auf. Dostal hastete die Treppe hinunter zum Ausgang. Doch der Torwächter hatte bereits Anweisung bekommen, er schloss das Tor. Dostal drückte neuerlich ab und traf Leopold Ullrich, einen Gendarmen in Zivil, der sich zufällig beim Wachposten aufhielt.

»Es war ein Riesenglück, dass nicht noch viel mehr Menschen in seinem Kugelhagel umgefallen sind, denn zum selben Zeitpunkt war eine Delegation der IPA, der International Police Association, im Haus«, erzählt ein Ermittler.

Dostal jedenfalls, dem der Fluchtweg versperrt war, machte kehrt, lief zurück in den ersten Stock und fand dort die Tür zu einem Waschraum offen. Abermals ohne Zögern und jedes Risiko missachtend kletterte er aufs Fensterbrett, hechtete hinaus, landete fünf Meter tiefer auf der Motorhaube eines parkenden Autos. Geschickt rollte er sich ab und war binnen Sekunden wieder auf den Beinen. Er sprintete zur Straßenmitte, stoppte einen vorbeifahrenden Wagen – ausgerechnet ein Fahrschulauto –, setzte dem Fahrlehrer die Waffe an die Schläfe und zwang ihn und seinen Schüler, auszusteigen. Dann schwang Dostal sich hinters Steuer und tauchte im dichten Freitagabendverkehr unter.

Der Waschraum im ersten Stock.

Ein waghalsiger Sprung.

Dostals Flucht aus der Rennwegkaserne

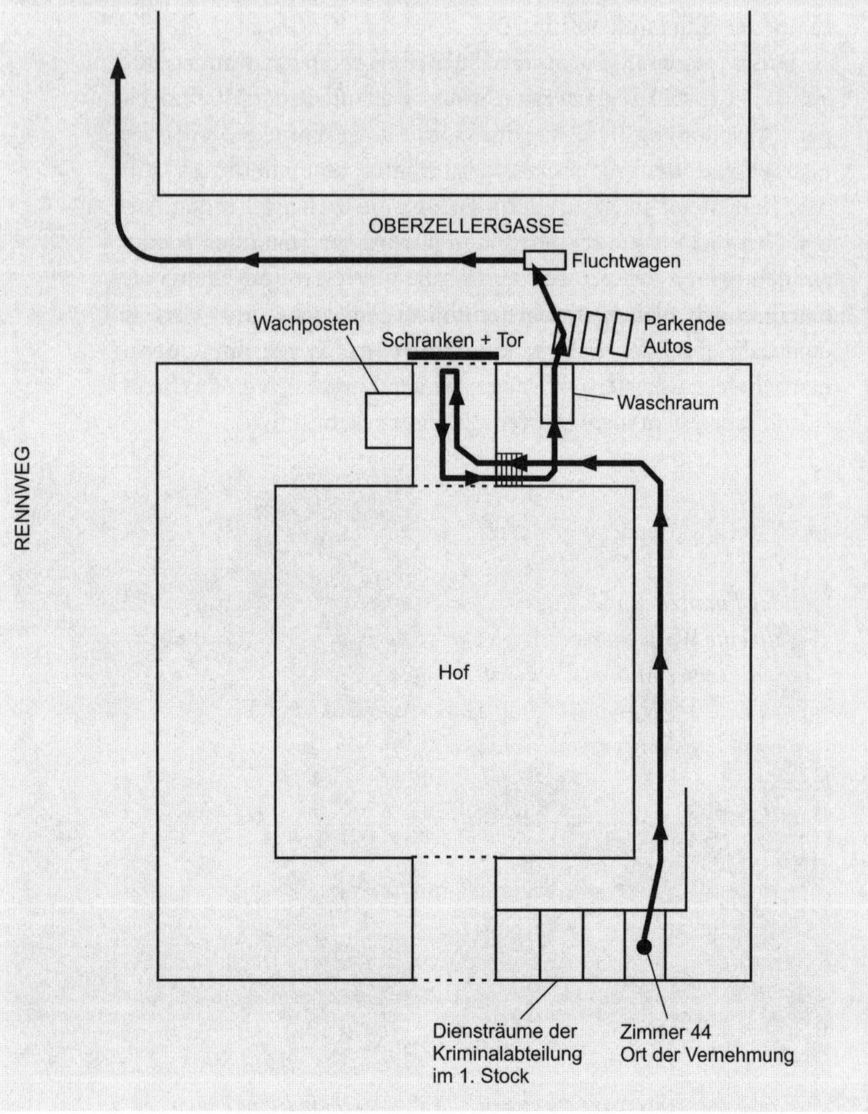

Wenige Minuten später, gegen 17.45 Uhr, betrat Dostal die Waffenhandlung Weber auf dem Südtiroler Platz in Wien-Wieden. Dort kaufte er eine Smith & Wesson, Kaliber neun Millimeter, dazu hundert Schuss Munition, fünfzig weitere Patronen für Waffen, die er bereits besaß, und zwei Schulterhalfter. Den Rechnungsbetrag von 5.370 Schilling bezahlte er bar. Der Inhaber des Waffengeschäfts wird in einem Artikel der Tageszeitung Kurier zitiert: »Der Mann war, so wie schon sein Vater, bei mir Stammkundschaft. Ich habe deshalb nichts dabei gefunden, ihm die Sachen zu verkaufen. Dass er es so eilig hatte, begründete Dostal mit einem schlechten Parkplatz. Nachdem ich aus dem Fernsehen von der Schießerei erfuhr, habe ich mich sofort bei der Polizei gemeldet.«

Der Waffenhändler hatte nicht ungesetzlich gehandelt, denn Ernst Dostal hatte ja mit seiner Waffenbesitzkarte und seinem Waffenpass die behördliche Genehmigung zum quasi unbegrenzten Waffenkauf. Eine Tatsache, die wiederum Kritik nach sich zog. So kommentierte etwa Eva Lorenz in der Arbeiter-Zeitung unter dem Titel »Waffenarsenal – ganz legal«:

»Einem Finanzbeamten, der viel im Außendienst ist und meinte, deshalb eine Waffe zu benötigen, wurde der Waffenpass verweigert. Aber ein junger Mann, der den Behörden als Waffen- und Schießnarr bekannt war – auch schon vor dem Tod Richard Dvoraks –, bekam seinen Waffenpass ohne Weiteres. Da stimmt doch etwas nicht im Staate Österreich. Welchen ›Bedarf‹ hat denn dieser Ernst Dostal, der mit legal gekauften Waffen vier Beamte schwer verletzt hat, nachgewiesen?

Jeder, der an einer gefährlichen Infektionskrankheit leidet, wird in Österreich interniert, damit er seine Umgebung nicht gefährdet. Aber wer vom ›Waffenbazillus‹ infiziert ist, der darf frei herumrennen, der bekommt seinen Bazillennachschub, um bei dem Bild zu bleiben, sogar behördlich sanktioniert geliefert. Höchste Zeit, dass in Österreich mit der Vergebung von Waffenpässen und Waffenbesitzkarten rigoroser umgegangen wird. Letzterer kann einem er-

wachsenen unbescholtenen Österreicher überhaupt nicht verweigert werden. Das heißt mit anderen Worten: Ein Waffenarsenal in Kleiderschränken kann hierzulande jedermann anlegen, ohne mit dem Gesetz in Konflikt zu kommen. Auch ›Narren‹, wie Dvorak einer war, auch ›Narren‹, wie Dostal einer ist, dem sein Waffenhobby offenbar Ersatz für seine verdrängte Lust am Töten ist.

In ungesicherten Gesellschaften, in Zeiten fürstlicher Willkür mag das Recht auf Waffentragen den freien Mann ausgezeichnet haben. Für Diktaturen wieder ist bezeichnend, dass die Waffe, die nicht in der Hand von deren Büttel ist, als Zeichen des Widerstandes gilt. In geordneten demokratischen Verhältnissen hat die Waffe in der Hand des Zivilisten jedenfalls keine gesellschaftliche Berechtigung mehr; das Waffentragen und Waffenbesitzen zumindest viel genauer zu überprüfen als bisher, wäre jedenfalls keine Freiheitsbeschränkung – im Gegenteil, eine solche Überwachung liegt im Interesse der Freiheit aller.«

Diese Forderung sollte sich dreiundzwanzig Jahre später erfüllen. Das derzeit in Österreich geltende, verschärfte Waffengesetz wurde 1996 novelliert. Danach ist der Erwerb von Waffenbesitzkarten beziehungsweise Waffenpässen an strenge Auflagen gebunden: Mindestalter von einundzwanzig Jahren, Vorliegen einer Rechtfertigung oder eines Bedarfs und entsprechende Verlässlichkeit des Antragstellers, die in einem psychologischen Gutachten festgestellt wird. Die Entscheidung über den Antrag auf Ausstellung eines waffenrechtlichen Dokumentes erfolgt im Zuge eines Verwaltungsverfahrens durch die zuständige Bundespolizeidirektion oder Bezirksverwaltungsbehörde.

Die schwer verletzten Kriminalbeamten:

Matthias Horvath (42).

Ottokar Pücher (39).

Harald Syrinek (48).

Leopold Ullrich (58).

5. Ein unfassbar eingeschränktes Leben – Der Ehefrau gebührt ein Orden

Das Haus ist ordentlich und blitzsauber. Im Schlafzimmer gibt es einen Fernseher, der auf eine speziell angefertigte Fernbedienung reagiert. An der Zimmerdecke hängt ein Kran, der den Mann aus seinem Bett in den Rollstuhl hievt. Jetzt, um 13.30 Uhr sitzt Ottokar Pücher im Wohnzimmer. Er ist dreiundsiebzig, hat ein rundes Gesicht und einen kahlen Kopf, den er stets kerzengerade hält. Alles andere an ihm ist schlaff und bewegungslos, lediglich die rechte Hand schlenkert beim Reden ein wenig auf und ab. Durch mühevolles Training hat er das Sprechen wieder gelernt, denn in seinem Kehlkopf gibt es nur mehr ein Stimmband. Dementsprechend heiser klingt seine Stimme. »Hätte ich nicht selber darum gebeten, würde ich hier heute nicht so sitzen.«

Damit spielt Ottokar Pücher auf seinen Wunsch an, Ernst Dostal noch ein weiteres – letztes – Mal zu vernehmen. Das war vor vierunddreißig Jahren. Neununddreißig war er damals, oder jedenfalls beinahe. An jenem verhängnisvollen Freitag, dem 22. Juni 1973, hatte seine Frau Friederike alles für die Feier seines neununddreißigsten Geburtstags vorbereitet. Die beiden Kinder, neun und zwölf Jahre alt, saßen bereits um den gedeckten Tisch. Der Jubilar jedoch lag mit Genickschuss auf dem Boden des Vernehmungszimmers in der Gendarmeriekaserne. Unfähig, sich zu bewegen und zu sprechen, war er dennoch bei vollem Bewusstsein. Er konnte sehen, hören und fühlen. Er nahm wahr, wie Dostal über ihn hinwegsprang und auf dem Gang Schüsse gegen seine Kollegen abfeuerte.

Minuten später kamen zwei Rettungsleute. Der jüngere der beiden Männer beugte sich über Pücher, doch der ältere deutete auf Matthias Horvath, der sich, seitlich in den Bauch getroffen, auf dem Boden krümmte. »Kümmere dich um den«, befahl der ranghöhere Sanitäter seinem Untergebenen. »Der andere packt's eh nicht!«

Pücher registrierte alles. Gänzlich hilflos war er den Rettungsmännern ausgeliefert. »Die haben mich auf die Trage geworfen wie ein Stück Vieh«, erinnert er sich an die dunkelste Stunde seines Lebens. Dann das Rauschen und Rütteln im Rettungswagen. Erst im Krankenhaus verlor Ottokar Pücher das Bewusstsein.

Ein dreiviertel Jahr lang dauerte der Aufenthalt in der Rehabilitationsklinik Tobelbad bei Graz. Besonders schlimme Monate für Pücher, denn die intensive mediale Berichterstattung im Fall Dostal lockte etliche Neugierige an.

»Ich bin mir vorgekommen wie ein Gebrauchtwagen, der von den Besuchern der anderen Patienten begutachtet wird.« Doch es gab noch Lästigeres. »Da war ein Reporter, der mich nicht in Ruhe gelassen hat. Der wollte immer, dass ich nicke oder den Kopf schüttle, denn wegen der Kanüle in meinem Hals konnte ich ja nicht sprechen. Zum Schluss haben die Krankenschwestern ihn rausgeschmissen.«

Aber auch wohlwollender Besuch kam nach Tobelbad: zum Beispiel der Innenminister persönlich und steirische Gendarmeriebeamte, die ihren verletzten Kollegen aus Niederösterreich über den Fortgang des Dienstes informierten. Sie waren es, die ihm das Gefühl vermittelten: Du gehörst zu uns, du bist noch dabei.

Diese moralische Unterstützung half Pücher über die düsteren Gedanken hinweg, die ihn viele Wochen lang peinigten. Das Hadern mit dem Schicksal, die Sehnsucht nach dem Tod.

»Damals habe ich oft gedacht: Hätte der Dostal mich besser getroffen, wäre es schon vorbei.« Dabei wäre es in jenen Tagen um ein Haar mit ihm zu Ende gewesen. »Ich hatte Probleme mit dem Essen und Schlucken. Einmal habe ich einen schweren Erstickungsanfall bekommen und war schon ganz blau im Gesicht, bis eine Schwester begriffen hat, dass sich ein Salatblatt vor meine Kanüle gelegt hat.«

Auch Ehefrau Friederike empfand die Zeit der Rehabilitation als seelische Qual. »Wie oft haben mich die Ärzte angerufen und mir von den Selbstmordabsichten meines Mannes berichtet! Dabei war er doch körperlich gar nicht in der Lage, Tabletten zu nehmen, geschweige denn sich aus dem Fenster zu stürzen. Das hat mir alles furchtbar zugesetzt.«

Als Friederike Pücher erfuhr, dass ihr Otto für immer bewegungsunfähig bleiben wird, und sie die ganze Tragweite der Situation erkannte, folgte ihr psychischer Zusammenbruch. Doch es waren zwei Kinder da, eine Familie, die ernährt werden musste.

Später folgte neuerlich eine Operation an der neurochirurgischen Abteilung des Landeskrankenhauses Klagenfurt. Ein Eingriff, der den Fachärzten äußerstes Geschick abverlangte, denn die alte Wehrmachtsmunition aus Blei, mit der Dostal geschossen hatte, war zersplittert und hatte sich in Püchers Rückenmark und Kehlkopf verteilt.

»In unserer Justiz heißt es: alles für den Täter, nichts für das Opfer«, sagt Ottokar Pücher. »Die Täter bekommen Amnestien, Freigänge, Therapien. Aber die Opfer? Keine Entschädigung, nur die Sozialleistungen.«

Zwar novellierte der Nationalrat just im Juni 1973 ein Gesetz über die Hilfeleistungen an die Opfer von Verbrechen, aber für die vier von Ernst Dostal niedergeschossenen Kriminalisten galt dieses Gesetz nicht. Ein Sprecher der Sicherheitsdirektion Niederösterreich erklärte, dass es für Polizeibeamte ein Berufsrisiko sei, unschuldig Opfer eines Verbrechens zu werden. Jeweils neuntausend Schilling wurden Ottokar Pücher, Matthias Horvath, Leopold Ullrich und Harald Syrinek zugesprochen, wobei fünftausend Schilling aus dem Budgettopf für im Dienst zu Schaden gekommene Exekutivbeamte und viertausend Schilling von der Gewerkschaft für öffentlich Bedienstete stammten.

Und ein Jahr später kam ein Brief aus dem Innenministerium: Ottokar Pücher sollte in den Ruhestand versetzt werden. »Die Kollegen haben mich gewarnt, nur ja nichts zu unterschreiben, und konnten die Pensionierung um ein weiteres Jahr hinauszögern.«

Das war wichtig, da ein Beamter, der durch einen Dienstunfall berufsunfähig wird, zwar eine Pension bekommt, als hätte er sein vorgeschriebenes Dienstalter erreicht, jedoch keine Zulagen, auf die ein Exekutivbeamter im Dienst Anspruch hat. Mit einer bescheidenen Rente also muss die vierköpfige Familie das Auslangen finden, denn Frau Pücher, eine gelernte Köchin, konnte ihren Beruf nicht mehr ausüben, als ihr Mann in häusliche Pflege entlassen wurde.

Immerhin, Spendenaktionen, die Gendarmeriekollegen und die Tageszeitung Kurier auf die Beine stellten, linderten die ersten finanziellen Sorgen. In einem Pressebericht vom Juli 1973 wird der damalige Zentralkommandant der österreichischen Gendarmerie, General Otto Rauscher, zitiert: »Ich werte es als lichtvolles Zeichen auch für alle anderen Gendarmen, dass die Öffentlichkeit sich in so eindrucksvoller Weise eines Beamten annimmt.«

Vom Großindustriellen bis zum kleinen Angestellten spendeten die Menschen im Rahmen ihrer Möglichkeiten. Ein Radiorecorder war dabei, mit dem Püchers Kinder Grüße für ihren Vater in der Rehabilitationsklinik aufnehmen konnten, eine rührige Dame schickte eine Flasche Lourdes-Wasser, und ein Vertreter der Versicherungsanstalt öffentlich Bediensteter verbürgte sich, dass seine Institution für einen elektrischen Rollstuhl und die nötigen Umbauten in der damaligen Wohnung der Püchers in Wien Donaustadt aufkommt.

In ebendieser Wohnung erschien eines Tages, als die Welle der allgemeinen Hilfsbereitschaft längst verebbt war, Hofrat Doktor Emil Schüller, Sicherheitsdirektor für Niederösterreich von 1967 bis 1985, und fragte: »Was sagst du dazu, Ottokar, wenn wir dir ein Haus bauen?«

»Ja, wie soll denn das gehen?«, fragte Pücher zurück.

Es ging. Ein Baugrund in einem kleinen niederösterreichischen Ort wurde gekauft und Ziegel für Ziegel ein Bungalow aufgemauert. Dieses soziale Engagement einer Handvoll Gendarmen war gleichzeitig die Grundsteinlegung für die »Gesellschaft der

Freunde und Förderer der Gendarmerie Niederösterreichs«, die Hofrat Schüller aus seiner humanistischen Gesinnung heraus 1975 gründete. Von damals bis heute konnten die zweitausend Vereinsmitglieder insgesamt über acht Millionen Schilling beziehungsweise sechshunderttausend Euro aufbringen, um unverschuldet zu Schaden gekommene Gendarmeriebeamte und deren Angehörige zu unterstützen.

Heute setzt sich auch eine zweite, jüngere Generation von Kriminalbeamten für Pücher ein. Kürzlich benannten sie einen Rotwein nach ihm und veranstalteten eine Vernissage zu seinen Gunsten: Zwei Hobbymaler unter den Kriminalisten ließen sich von Schriftsteller Alfred Komarek an die Schauplätze seiner Krimis im Weinviertel führen, um Aquarelle davon anzufertigen. Noch bedeutender für die Familie des Versehrten sind aber spontane Hilfsaktionen: Wenn etwa wie 1996 durch einen Anstieg des Grundwasserspiegels auch der Keller des Hauses Pücher unter Wasser steht und Polizeikollegen rasch, großzügig und unbemerkt von der Öffentlichkeit Spenden sammeln und der Familie tatkräftig zur Hand gehen.

Für Pücher ist die Hilfe seiner Kollegen ein großer Trost. Er sagt: »Mein Glück ist, dass ich in meiner aktiven Zeit in ganz Niederösterreich herumgekommen bin. Es hat praktisch keinen Posten gegeben, an dem man mich nicht gekannt hat, und sei es nur dem Namen nach.«

In dieser Hinsicht kamen Ottokar Pücher auch seine Dienstjahre in der Verkehrsabteilung zugute. Für ihn, den einstigen Kriminalbeamten mit Leib und Seele, laufen die Tage in grenzenloser Einförmigkeit dahin. Um 5.00 Uhr früh wacht er auf, um 8.00 Uhr bekommt er auf eigenen Wunsch hin sein Mittagessen verabreicht, den Vormittag verbringt er fernsehend im Bett, um 12.00 Uhr wird er angekleidet und sitzt dann für drei Stunden im Rollstuhl. Länger ist es ihm wegen der Anstrengung und seiner Schmerzen nicht möglich. Ab 15.00 Uhr bis Mitternacht sieht er abermals im

Bett liegend fern, am liebsten Dokumentationen jeglicher Art, was Pücher geistig rege hält und äußerst bewandert macht.

Dass er überhaupt zu Hause sein kann, verdankt er seiner Frau. Friederike Pücher pflegt ihren Mann aufopfernd (»Vierunddreißig Jahre ohne Wundliegen«), bewegt täglich seine Arme und Beine (»Damit die Muskeln nicht ganz verkümmern«), erledigt sämtliche Arbeiten im Haushalt (»Ottokar isst nur, was ich koche.«) und lässt ihren Mann kaum aus den Augen (»Er kann ja nicht einmal ein Insekt verscheuchen.«). All die Jahre war ihr kein Urlaub möglich, ein paar Längen im Schwimmbad sind das einzige Vergnügen, das sie sich gönnt. Aber das auch erst, seit eine Pflegerin ihr stundenweise manche Pflichten abnimmt. Und wenn ihr Mann wieder in eine Depression fällt, muss die Ehefrau mit ihm schimpfen. »Das bewahrt mich davor, selber depressiv zu werden.«

In den Augen jener, die tieferen Einblick in das Leben der Familie haben, ist Friederike Pücher wahrhaftig eine Heldin. Ihr würde ein Orden gebühren, sind sie überzeugt. Beide Eheleute führen ein für Außenstehende unvorstellbar eingeschränktes Leben – ein Vermächtnis des gewissenlosen Mörders Ernst Dostal.

6. Die grausige Entdeckung – Ein grüner Junge wird zum Staatsfeind

Ernst Dostal im Visier der Gendarmerie.

Nach einer Schrecksekunde lief am Abend des 22. Juni 1973 die Fahndung nach Ernst Dostal an. Die Überwachung des Hauses in Tullnerbach, der Wohnung in der Wiener Neustiftgasse und des Bauernhofs in Mitterndorf wurde angeordnet, das Telefon in Tullnerbach angezapft und mit einer Fangtaste versehen. Es sollte die größte polizeiliche Suchaktion seit dem Zweiten Weltkrieg werden. Eine Jagd nach dem Staatsfeind Nummer eins. Ein Kurier-Artikel gewährt Einblicke in das Familienleben der Dostals:

»Zwei Jahre vor seiner Geburt starb das erste Kind. Der kleine Junge war ein ›blaues Baby‹. Ernst Dostal wurde deshalb von Anfang an verhätschelt. […] Wenn das Kind einmal krank war und im Bett bleiben musste, legte sich am Tag auch die Mutter dazu, nur damit Ernst ruhig liegen blieb. Am Abend nahm sich der Vater des Kindes

an, die Mutter richtete das Essen. Robert Dostal half seiner Frau oft bei den Hausarbeiten. Für seine Familie gab er alles, Mutter und Sohn allerdings waren bei den Nachbarn viel beliebter. Ernst hatte – trotz seiner großen Liebe zur Mutter – engeren Kontakt zum Vater. Immer gingen die beiden miteinander fort und unternahmen Wanderungen. Die Mutter wartete.«

Das hört sich wahrlich nicht nach einem Draufgänger an. Viel eher nach einem verzärtelten Jungen, der selbst mit beinah dreiundzwanzig noch grün hinter den Ohren war. Genau genommen war Ernst Dostal das auch. Im Kern seines Wesens war er ängstlich und feige – der Typ, der hinter jedem Baum einen Mörder vermutet. Deshalb »musste« er sich auch bewaffnen. Deshalb entwickelte er seine Schießleidenschaft, brachte es im Umgang mit Gewehr und Pistolen zur Perfektion, sammelte Erfahrung in Karate. Die Flucht konnte ihm gelingen, weil das Training ihn zäh, athletisch und pfeilschnell gemacht hatte. Sein wildes Um-sich-Schießen in der Kriminalabteilung und der waghalsige Sprung aus dem Fenster des ersten Stocks waren eine Kettenreaktion aus panischer Angst. Die Antwort eines Menschen, der offenbar zum ersten Mal in seinem Leben für das, was er getan hatte, zur Verantwortung gezogen werden sollte.

»Ernst Dostal war sozusagen eine geschlechtslose Persönlichkeit«, urteilte später der renommierte Psychiater Doktor Willibald Sluga. »Denn das Muttertabu, die Sperre gegen Geschlechtsbeziehungen mit der eigenen Mutter, die so gut wie alle Kulturen kennen, wirkt, da er ›Mutter‹ mit ›Frau‹ identifiziert, bei jedem weiblichen Wesen. Die Mutter, die in übergroßer Liebe zwischen ihm und der sexuellen Welt stand, der Vater, der mit seiner Freigiebigkeit vor der Männer-, das heißt vor der Leistungswelt stand, hinderten Ernst Dostal daran, mit der Umwelt in Kontakt zu treten. Als er dann doch in Kontakt trat, war es wieder mit einer geschlossenen Welt, mit einer Subkultur Gleichgesinnter, die vor der realen Welt ebenso Angst hatten wie Dostal selbst. Er flüchtete in eine Pseudowelt aus Angst und Aggression, das machte ihn so gefährlich.«

Der Fahrschulwagen, dessen Dostal sich in der Oberzellergasse bemächtigt hatte, wurde gegen 20.00 Uhr in der Nähe des Südtiroler Platzes gefunden. Von dem schwer bewaffneten Amokläufer fehlte jede Spur.

Bereits um 18.00 Uhr trafen Gendarmeriebeamte in Dostals Wohnhaus in Tullnerbach ein. Robert Dostal war nicht anwesend, nur seine Frau Theresia war daheim. Sie gab an, nichts von dem Vorfall in der Rennwegkaserne zu wissen. Sie sagte, ihr Mann sei um circa 15.30 Uhr, gleich nach der Jause, vom Tisch aufgestanden und habe ohne ein Wort der Erklärung das Haus verlassen.

Theresia Dostal ist zermürbt.

Diese Darstellung hielt Theresia Dostal im Protokoll ihrer Vernehmung am 23. Juni aufrecht. Gleichzeitig meldete sie ihren Mann als abgängig. »Nachdem seine Pistole, eine Beretta, nicht gefunden wurde, nehme ich an, dass er sie bei sich trägt«, fügte sie hinzu. Auffallend an ihrer Aussage ist auch eine Bemerkung, die Robert Dostal während ihres Urlaubs in Bad Gastein gemacht hatte. »Bei einem Spaziergang sagte er einmal: ›In unserem Leben kann nichts mehr Schöneres kommen, nur mehr Alter und Krankheit. Wenn es jetzt vorbei sein sollte, dann haben wir alles gehabt.‹« Nein, behauptete Theresia Dostal, sie könne sich nicht mehr erinnern, ob diese traurige Äußerung vor oder nach dem 13. Juni gefallen sei, auch nicht, ob sie mit den täglichen Anrufen ihres Sohnes zusammenhing. Die vorübergehende Resignation ihres Mannes könne sich genauso gut auf sein schweres Mastdarmleiden bezogen haben. Bei ihrer Rückkehr aus dem Urlaub habe sie keine, ja rein gar keine Veränderung an ihrem Sohn bemerkt. »Im Gegenteil, beim verspäteten Mittagessen hat er wie immer sehr ausgiebig gegessen.«

Auch wann sie vom Sprengstoffattentat an der Südautobahn erfahren hatte, konnte oder wollte die Mutter nicht angeben. »Ernsti« habe ihr lediglich erzählt, dass er mit »Frau Dvorschak« nach Richard gesucht hatte. Auf die Frage nach den Freunden ihres Sohnes erwähnte Theresia Dostal vier ehemalige Klassenkameraden aus seiner HTL-Zeit, allesamt »sehr nette Burschen«. Ernst Dostal hatte den Kontakt zu ihnen jedoch in den letzten Jahren gelockert oder ganz abgebrochen, und bei einer späteren polizeilichen Überprüfung erwiesen sich die jungen Männer tatsächlich als über jeden Verdacht erhaben.

Einer von ihnen ist Erwin Rauscher, der heute über seinen einstigen Mitschüler erzählt: »Wir waren ja eine sehr kleine Klasse mit nur mehr sieben Maturanten, da kommt man sich zwangsläufig näher. Aber der Ernst Dostal hat nie so richtig dazugehört, er war ein Einzelgänger, ein Sonderling. Später sind wir uns beim Bundesheer noch einmal begegnet, und als er mit seinem Vater einen Ausflug an den Neusiedler See machte, hat er mich zu Hause besucht. Im schnittigen Sportwagen sind die beiden vorgefahren, wir haben über technische Dinge geplaudert. Das war's dann schon, bei dieser Gelegenheit habe ich Ernst Dostal das letzte Mal gesehen. Die Brutalität seiner späteren Taten hat mich zwar erschüttert, aber überrascht war ich davon eigentlich nicht, denn ich habe ihm illegale Machenschaften durchaus zugetraut.«

Doch zurück zum Verhör Theresia Dostals. Mit der Freundschaft ihres Sohnes zu Richard Dvorak, den sie beharrlich »Dvorschak« nannte, sei sie nicht einverstanden gewesen. Zwar räumte sie ein, dass Dvorak ein gutes Auftreten und Benehmen gehabt hatte, aber sein übermäßiger Alkoholgenuss missfiel ihr beträchtlich. Sie sah darin ein schlechtes Beispiel für ihren Sohn. »Ein Unglück für alle war es, dass beide ein gemeinsames Hobby hatten, und zwar die Vorliebe für Waffen. Nicht selten gab es bei uns im Haus Schießübungen mit Pistolen und Gewehren, die die Zustimmung meines Gatten fanden. Ich selber hatte natürlich keine Freude damit, aber ich konnte mich bei meinem Buben nicht durchsetzen. Er hat vielmehr mit mir herumkommandiert.«

In den letzten zwei Jahren hätten die Schießübungen im Haus dann ganz aufgehört, die Burschen suchten sich einen neuen Platz. Für diesen Zweck schien ihnen offenbar ein abgelegenes Objekt günstig – der Bauernhof in Mitterndorf. »Über die näheren Umstände des Kaufs ist mir nichts bekannt«, gab Theresia Dostal zu Protokoll. »Das war ausschließlich Männersache.«

Dostals Bauernhof im Bezirk Sankt Pölten.

Erst nach dem Bombenmord auf der Südautobahn hätte ihr Sohn sie auf ihren ausdrücklichen Wunsch hin nach Mitterndorf geführt. »Sonst hätte ich den Hof bis heute noch nicht gesehen«, bemerkte sie bitter und setzte hinzu: »Ich war derart über den Zustand des Hauses entsetzt, dass wir nach einer Viertelstunde wieder heimgefahren sind.« Deswegen könne sie die Räumlichkeiten auf dem Hof auch nicht beschreiben. Theresia Dostal schloss ihre Vernehmung mit den Worten: »Ich bitte um Entschuldigung, doch bin ich derzeit nervlich nicht in der Lage, weitere Angaben zu machen.«

Was war nun so Besonderes an jenem Bauernhof in Mitterndorf bei Obergrafendorf, dessen Räumlichkeiten Theresia Dostal nicht beschreiben konnte?

Schon bei der freiwilligen Nachschau nach Hinweisen auf Richard Dvorak hatten die Kriminalisten der Erhebungsabteilung mit Erstaunen festgestellt, dass der baufällige Vierkanthof mit Stacheldraht und Fangeisen zur Festung ausgebaut worden war. Am 23. Juni 1973 nahmen die Ermittler der Sonderkommission das Gebäude genauestens unter die Lupe. Es bot sich ihnen ein Bild der Verwahrlosung. Links vom Toreingang befand sich der abgewirtschaftete Schweinestall, Staub und Mist bedeckten die desolaten Holzboxen. Daneben lag die Futterküche mit schadhaften Futterkesseln und Töpfen. Ein Hühnerstall voll mit Hühnerkot. Drei Pferdeboxen, zehn Rinderstände, eine kaputte Fünfundzwanzig-Liter-Milchkanne, ein Fass mit Dieselöl, brüchige Autoreifen, ein alter Diwan mit Lehne. Dieses Gerümpel wollte Ernst Dostal speziell schützen? Stacheldraht und Fangeisen sollten Eindringlinge davon abhalten, den Plunder zu stehlen? Wohl kaum. Selbst der erbärmlichste Einbrecher hätte sich daran die Finger nicht schmutzig gemacht. Welches Geheimnis sollte hier bewahrt bleiben?

Vielleicht war es ja im Wagenschuppen, in den Scheunen oder im Presshaus zu finden. Ein rostiges Benzinaggregat, eine umgefallene Schrotmühle, eine ausgediente Saatmaschine, eine hölzer-

Schießstand im Keller.

ne Windmühle, eine Bottichwaschmaschine, ebenfalls aus Holz, ein vorsintflutlicher Bauernabort in einem Verschlag. Nein.

Sicher, praktisch überall auf den gestampften Lehmböden und in den Durchgängen lagen, abgesehen von morschem Stroh und Dreck, auch Unmengen von Glasscherben, durchlöcherten Dosen und leeren Patronenhülsen herum. Aber die bezeugten nur, was ohnehin schon alle wussten: dass Dostal und Dvorak hier ihre Schießübungen abgehalten hatten. Auch die Leute in der Umgebung waren seit Langem darüber im Bilde. Zu einem Burschen hatte Dostal einmal lapidar gemeint: »Das ist unsere Art der Rattenvernichtung.«

Der geräumige gewölbte Keller schließlich war fast leer. Bis auf eine mit Einschüssen übersäte Holzfigur an dessen äußerem Ende, eine behelfsmäßig installierte elektrische Leitung, eine Glühbirne mit Kabel und Fassung sowie die obligaten Scherben, durchlöcherten Dosen und unzähligen Projektile. Also ein provisorisch eingerichteter Schießstand, wie bei einem Burschen vom Schlage Ernst Dostals durchaus zu erwarten war. Der Sprengstoffexperte des Innenministeriums Oberst Ingenieur Alois Massak kam und durchforstete alle Wirtschaftsräume und den ganzen Hof mit einem Minensuchgerät. Erfolglos. Nichts deutete darauf hin, dass Sprengstoff vorhanden war. Die Feuerwehr pumpte die beiden Hofbrunnen aus. Wieder nichts.

Doch dann, im Wohntrakt und so gut durch eine mit Stoff verspannte Geheimtür getarnt, dass er erst nach längerer Suche entdeckt werden konnte: ein circa zweieinhalb mal zwei Meter großer Raum, schallisoliert und mit einer durch Eisengitter gesicherten Tür versehen. Eine Gefängniszelle.

Erich Zoglmann dokumentierte sie für die Tatbestandsmappe. Mit Grauen erinnert er sich: »An der Tür war eine von außen zu öffnende Durchreiche angebracht, eine Essensklappe. Im Inneren gab es auf der einen Seite eine Liegematte, auf der anderen Seite einen Holztisch und in der Mitte eine Art Delinquentenstuhl mit einer in den Fußboden einbetonierten Eisenkette. An dieser Kette war ein mit Plastik umwundenes Stahlseil mit einem Schloss angebracht, wahrscheinlich ein altes Fahrradschloss. Ganz offensichtlich diente das Seil dazu, es einem Menschen um den Hals zu legen. Mit weiteren im Boden verankerten Ketten konnten die Beine des Menschen fixiert werden, und auf einem Betteinsatz lagen weitere Fesseln und mehrere Peitschen.«

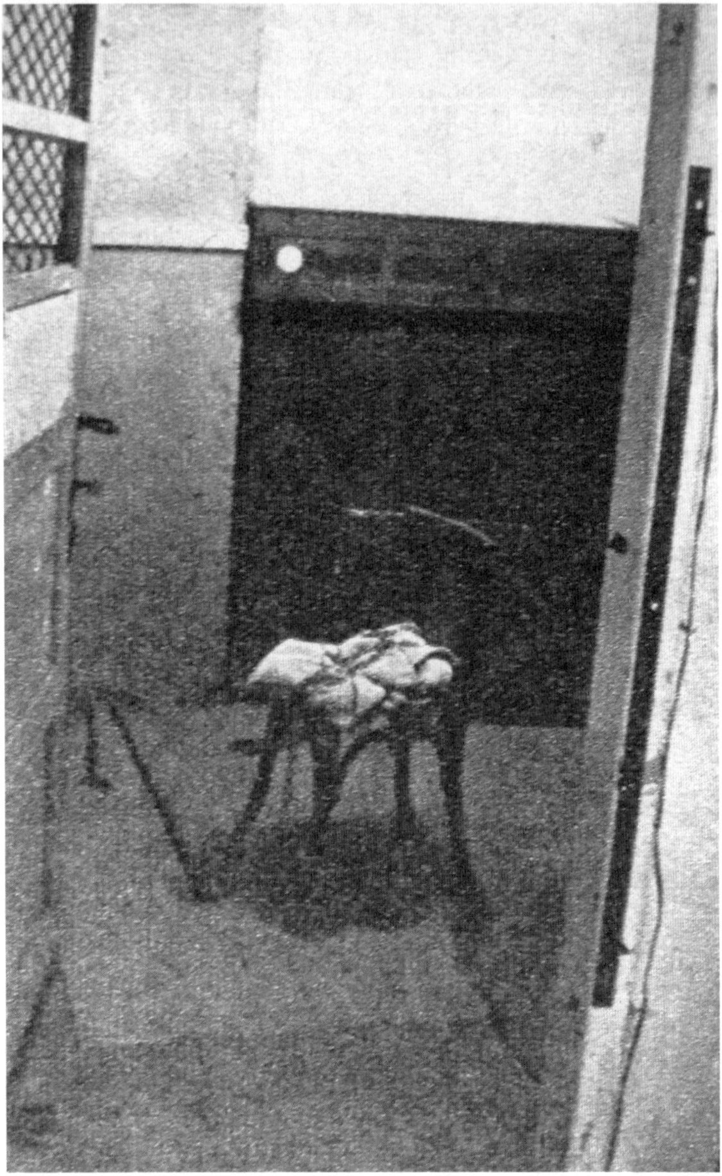

Ein Blick ins schalldichte Verlies.

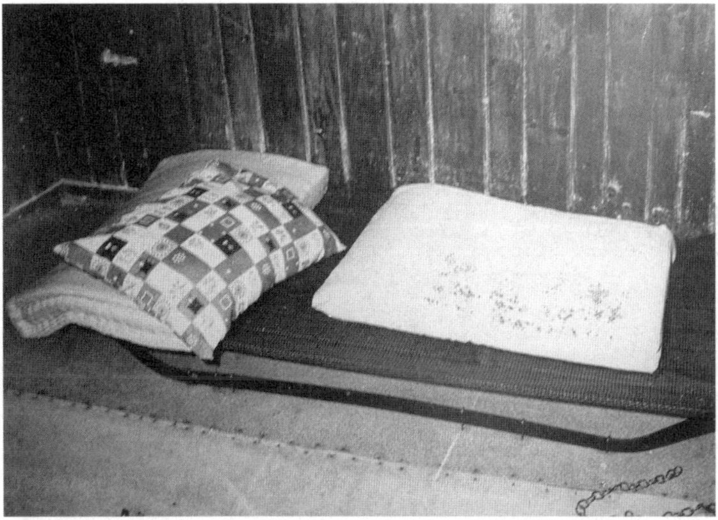

Schlafstätte.

Im Fußboden verankerte Ketten.

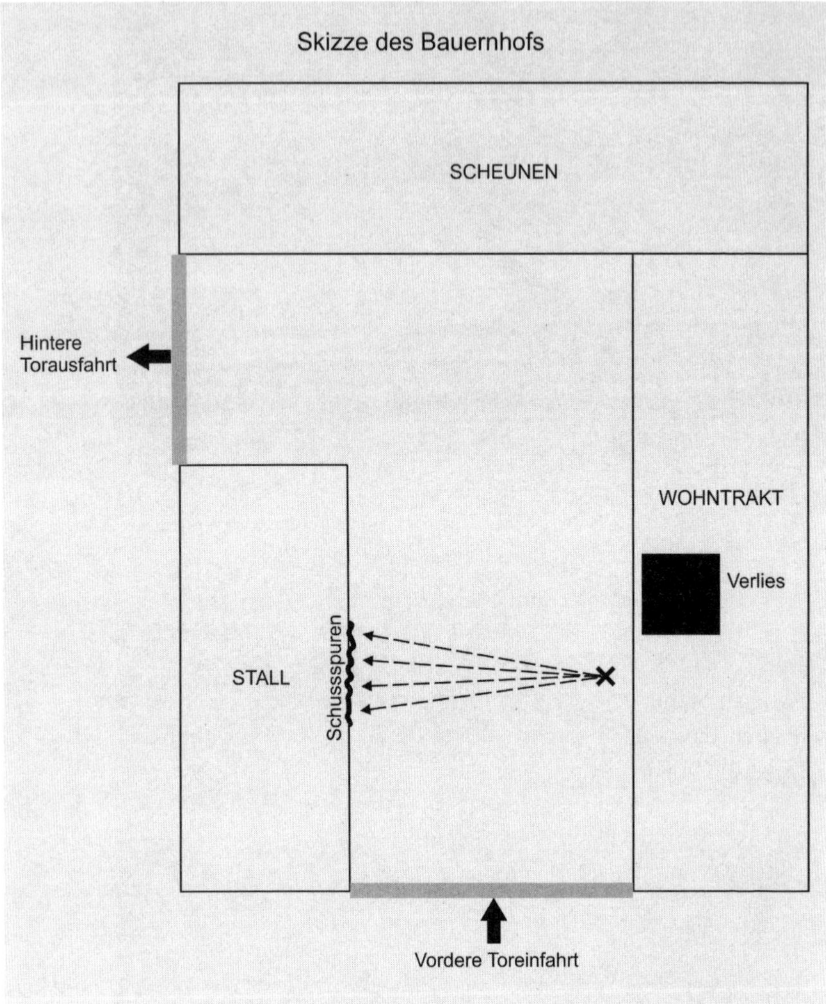

Als die Zeitungsreporter von dem Verlies im Bauernhof erfuhren, nannten sie es nur noch »die Folterkammer«. Was hatte Ernst Dostal damit im Sinn? Wollte er sadistische Orgien veranstalten?

Dokumente, die wenige Tage später im Tullnerbacher Wohnhaus gefunden wurden, belegten: Ernst Dostal hatte geplant, Prominente zu entführen, vermutlich mit dem Ziel, Geld von ihnen zu erpressen. Die Geiseln sollten offenbar in der ausbruchsicheren Zelle arretiert werden. Angesichts dieser Fakten mutierte die »Folterkammer« in manchen Boulevardblättern zum »Gruselkabinett für Kidnapping-Opfer«. Jedenfalls fand sich bei Dostals Unterlagen eine lange Liste mit Namen und Adressen von Industriemanagern. Der Großindustrielle Herbert Turnauer etwa stand darauf, und Eduard Harald Schrack, der Generaldirektor des gleichnamigen Elektrokonzerns. Schrack sollte das erste Entführungsopfer werden.

Gegenüber der Tageszeitung Kurier gab der dreiundvierzigjährige Firmenchef sich gelassen: »Man kann nur hoffen, dass die Täter keine Komplizen haben!« Schrack, der mit Robert Dostal in loser Geschäftsverbindung gestanden hatte (»Den Mitarbeitern meiner Einkaufsabteilung ist er als seriöser Geschäftspartner in Erinnerung.«), lehnte es ab, Sicherheitsvorkehrungen zu treffen. »Schauen Sie, man kann sich doch nicht ständig von einem Polizisten bewachen lassen«, wird er vom Reporter Ernst Bieber zitiert.

Mit an Sicherheit grenzender Wahrscheinlichkeit ist auszuschließen, dass ein kaum dreiundzwanzigjähriger ehemaliger HTL-Schüler die Vorbereitungen zu einer solchen Entführungsserie allein hätte treffen können. Hinweise auf Mittäter gab es reichlich, ebenso Anhaltspunkte, dass die erste Entführung unmittelbar bevorstand:

- Sowohl Ernst als auch Robert Dostal hatten minutiöse Aufzeichnungen über Eduard Harald Schrack geführt. Sie notierten nicht nur dessen Wohnadressen in Wien und Tirol sowie seine verschiedenen Autokennzeichen, sie dürften ihr zukünftiges Opfer auch Wochen lang beschattet haben. Man fand Zettel, auf denen genau vermerkt war, wann der Firmenchef sein Haus zu verlassen pflegte, wann er üblicherweise in seinem Betrieb eintraf, wann er die Firma wieder verließ und welchen

Weg er dabei meistens wählte. Auch für die geplante Entführung Herbert Turnauers hatten die Dostals bereits detaillierte Vorarbeit geleistet.

- Die Ermittler beschlagnahmten umfangreiches Kartenmaterial, auf welchem besonders im Bereich Sankt Pölten bestimmte Punkte markiert waren. Bei der Überprüfung stellte sich heraus, dass es sich um mögliche, aber nicht offiziell vorgesehene Autobahnabfahrten handelte. Betriebsabfahrten der Autobahnmeisterei, beschrankte Umkehrstellen, Zufahrtsmöglichkeiten für die Exekutive. Für die Verbrecher erfüllte dieses Wissen zweifellos den Zweck, bei einer Verfolgung die Autobahn jederzeit unbemerkt verlassen oder wieder auf sie auffahren zu können.
- Sowohl im Mercedes des Vaters als auch im VW-Käfer des Sohnes gab es Haltevorrichtungen für Funksprechgeräte. Im Besitz der Dostals befanden sich zwei unangemeldete Funkgeräte, deren Herkunft nicht geklärt werden konnte, die jedoch durchaus geeignet waren, den Polizeifunk abzuhören. Mit ein wenig technischem Know-how, das sowohl Dostal senior als auch Dostal junior zweifellos besaßen, hätte man die Geräte leicht umbauen können, um sie zur Fernzündung einer Sprengladung zu benützen.
- Wenige Wochen später stellten Wiener Ermittler einen bereits im Dezember 1972 gestohlenen Ford Capri sicher. Wie Fingerabdrücke bewiesen, war Ernst Dostal in diesem Wagen gesessen, er hatte das Kennzeichen gefälscht und den Pkw in unmittelbarer Nähe der Wohnung eines mutmaßlichen Entführungsopfers abgestellt. Vermutlich beabsichtigte Dostal, sein Opfer mit diesem Fahrzeug nach Mitterndorf zu transportieren.
- Was das Verlies im Bauernhaus betrifft, so kamen Sachverständige zu dem Schluss, dass mindestens zwei Mann für die Bauarbeiten nötig gewesen waren. Vermutlich hatten sich nicht die beiden Dostals selbst betätigt, da die Arbeiten professionell ausgeführt waren. Vater und Sohn dürften erst später mit der

Inneneinrichtung der Zelle beschäftigt gewesen sein, etwa die Fußketten, die Schließmanschetten und den Delinquentenstuhl angebracht haben.

- Und letztlich war auch der Bombenmord an Richard Dvorak ein Indiz dafür, dass die Verbrecher dicht vor der Umsetzung ihrer Pläne gestanden hatten. An diesen Plänen war augenscheinlich auch Dvorak beteiligt gewesen. Höchstwahrscheinlich trafen er und Ernst Dostal einander am Dienstag, dem 12. Juni 1973, gegen 16.00 Uhr nach Dvoraks Dienstschluss, um die geplanten Entführungen zu diskutieren. Dabei dürfte es zu schweren Differenzen gekommen sein. Vielleicht bekam Dvorak auch kalte Füße und wollte aussteigen. Dostal jedenfalls überwältigte den körperlich überlegenen Freund und sprengte seine Leiche in die Luft.

Dass Ernst Dostal diesen Mord tatsächlich begangen hatte, konnten die Ermittler am 23. Juni noch nicht beweisen. Aber sie ahnten längst, was Theresia Dostal erst nach und nach zugab: Ihr

Abtransport des Waffenlagers aus dem Haus in Tullnerbach.

Mann Robert hatte nicht, wie ursprünglich von ihr behauptet, am 22. Juni. gegen 15.30 Uhr das Haus verlassen, sondern erst gegen 18.00 Uhr. Kurz davor hatte er einen Anruf entgegengenommen. Am Telefon war Sohn Ernst gewesen, der aufgeregt stammelnd den Vorfall in der Rennwegkaserne schilderte. Daraufhin hatte auch der Vater sich bewaffnet und war geflohen. Sein Mercedes stand noch in der Garage. Auch Jagdflinten, Sturmgewehre, Maschinenpistolen und Revolver, mit denen man einen ganzen Partisanentrupp hätte bestens ausstatten können, waren noch da. Als die Polizeibeamten das Arsenal beschlagnahmten und in ihren Dienstwagen verfrachteten, rief Theresia Dostal ihnen nach: »Zerkratzt bitte die Waffen nicht!«

Die Frau war rührend ahnungslos. Aber sie hatte wissentlich die Flucht ihres Mannes verheimlicht und damit dem Verbrecherduo in ihrer Familie einen bedeutenden Vorsprung verschafft.

7. Noch zwei Morde – Vaters Geld und Mutters Appelle

Sonntag, 24. Juni 1973. Kühler Regen rieselte auf Groß-Enzersdorf. In dem östlich von Wien gelegenen Sechstausend-Seelen-Städtchen, bekannt durch Österreichs einziges Autokino und das angrenzende Erholungsgebiet Lobau, besitzen etliche Bewohner der Bundeshauptstadt ein Sommerhaus. So auch Viktor und Johanna Steiger aus Wien-Döbling. Ihr Bungalow stand am Donau-Oder-Kanal, über dessen Ufer sich der Nebel senkte. Trotz des schlechten Wetters wollte es sich das Ehepaar, wie jeden Sonntag, in seinem kleinen Haus im Grünen gemütlich machen.

Um 10.15 Uhr stoppte Herr Steiger seinen türkisfarbenen Ford-Kombi vor der Gartentür. Während der fünfundvierzigjährige Bundesbahnbeamte schon den Vorgarten durchquerte, nahm seine dreiundvierzigjährige Frau noch eine Einkaufstasche mit Lebensmitteln aus dem Auto, stieß die Wagentür zu und folgte dann ihrem Mann. Der sperrte gerade die Haustür auf und trat in

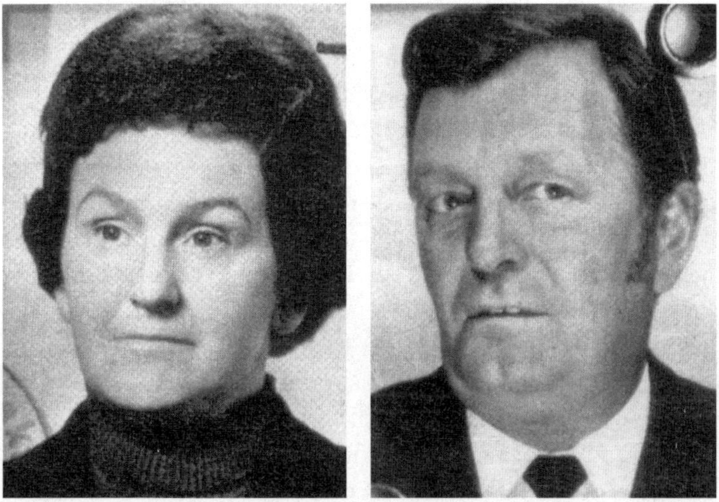

Dostals zweites und drittes Mordopfer: Johanna und Viktor Steiger.

In diesem Bungalow geschah der Doppelmord.

den Flur, als die Schüsse fielen. Die Steigers hatten nicht die geringste Chance. Ohne Warnung feuerte Ernst Dostal fünf Neun-Millimeter-Projektile aus der Smith-&-Wesson-Pistole ab, die er am Freitagabend in der Waffenhandlung am Südtiroler Platz gekauft hatte. Fünf Schüsse – fünf Treffer. Johanna und Viktor Steiger starben auf der Fahrt ins Krankenhaus.

So oder so ähnlich hat sich der kaltblütige Doppelmord nahe dem Restaurant Sachsengang abgespielt. Da es keine Zeugen für die Tat selbst gab, gestaltete sich die Rekonstruktion schwierig. Wohl hatten Nachbarn die Schüsse und Schreie gehört, zwei Männer kamen Sekunden danach aus ihren Häusern gerannt. Einer von ihnen hatte sich mit einem Besenstiel bewaffnet. Damit konnte er gegen den brutalen Amokläufer freilich nichts ausrichten. Ernst Dostal mit der Pistole im Anschlag schlug ihn in die Flucht. Einzig darauf war auch der Verbrecher programmiert: auf Flucht. Er sprang hinters Lenkrad des Ford-Kombis, drehte den Zündschlüssel, der noch steckte, und gab Vollgas. Da kam der zweite Nachbar angerannt, er wollte sich dem davonbrausenden Wagen

Die Tatwaffe: eine Smith & Wesson, Kaliber neun Millimeter.

in den Weg stellen. Doch Dostal raste direkt auf ihn zu. Die Rettung des Mannes war seine schnelle Reaktion, er sprang zur Seite und kam mit Prellungen davon.

Als die örtliche Gendarmerie am Tatort eintraf, war Ernst Dostal über alle Berge oder, besser gesagt, im Dickicht des Auwaldes verschwunden. Die Beamten fanden die Tür des Bungalows angelehnt. Vorsichtig tasteten sie sich in das Haus vor, denn Robert Dostal hätte sich darin verschanzen können. Bald war jedoch klar: Ernst hatte sich nicht mit seinem Vater getroffen. Er war allein in das Sommerhäuschen der Familie Steiger eingebrochen, hatte dort die letzte Nacht geschlafen, bei Tag über Fernsehen und Radio die polizeiliche Ermittlungsarbeit verfolgt und sich von Essenresten aus dem Kühlschrank ernährt. Sogar den Trainingsanzug der Hausbesitzerin hatte er angezogen. Und den trug er immer noch.

Ein weiterer Augenzeuge, Herr Fischer, etwa im selben Alter wie Dostal, konnte ihn den Ermittlern genau beschreiben: »Der Trainingsanzug ist mittelblau mit weißen Streifen am Hals. Darüber hat der Dostal einen grünen Hubertusmantel an. Einen grünen Filzhut hat er auf, und eine Sonnenbrille.« Dieser Augenzeuge erlebte wenige Kilometer entfernt in der Lobau, bereits auf Wiener Stadtgebiet, gegen 11.00 Uhr das Folgende:

»Hände hoch! Gib die Autoschlüssel her!«

Der junge Mann reagierte nicht gleich, er wollte gerade das Angelzeug in seinem grünen Ford Escort verstauen.

»Hände hoch! Ich bin der Dostal!«

Dostal … Dostal? Was willst, du Depperter, lag dem Fischer auf der Zunge. Im letzten Moment hielt er sie im Zaum und übergab widerstandslos seine Autoschlüssel. Gerade war ihm eingefallen, in welchem Zusammenhang er den Namen schon gehört hatte. Den Namen jenes Mannes, der jetzt ihn mit der Pistole bedrohte und in sein Auto einstieg.

Ernst Dostal hatte den türkisfarbenen Kombi des Ehepaares Steiger auf einem Parkplatz stehen lassen und war zu Fuß weiter geflüchtet, um einen neuen Fluchtwagen zu requirieren. Im alten hatte er aus Panik seine Papiere, siebentausendneunhundert Schilling und eine geladene Walther PPK zurückgelassen. Jetzt verschwand er im grünen Escort und war den Einsatzkräften – trotz ausgelöster Alarmfahndung mit über sechzig Funkwagen, einem Hubschrauber, zahlreichen schwer bewaffneten Beamten sowie Fährtenhunden – abermals eine Nasenlänge voraus.

Man könnte sagen: Dostals Spur verlor sich im Regen, denn das schlechte Wetter erschwerte die Suche. Dazu kam eine durch die Ereignisse sensibilisierte und verängstigte Bevölkerung. Etliche Besitzer von Wochenendhäusern in der Umgebung Wiens verließen frühzeitig ihren Zweitwohnsitz. Zu Hause wurden Türen und Fenster verriegelt, man kannte kaum noch ein anderes Gesprächsthema. Die angeheizte Stimmung schlug sich auch in zahlreichen Anrufen bei den Sicherheitsbehörden nieder. Weil Dutzende von Leuten den Verbrecher gesehen haben wollten, hetzten Polizisten und Gendarmen im Großraum Wien den ganzen Sonntag bis in die späte Nacht hinein von einem Ort zum anderen. Beim Karl-Marx-Hof in Wien-Heiligenstadt sollte Dostal

Alarmfahndung nach dem gefährlichen Verbrecher.

angeblich aufgetaucht sein, dann wieder gab es eine erfolglose Suchaktion in Wien-Favoriten. Aus einem Fax des Bezirksgendarmeriekommandos Korneuburg geht hervor, welche Szene sich dreißig Kilometer nordwestlich vom Zentrum Wiens abspielte:

»Am 24.6.1973 um 11.45 Uhr wurde der Gendarmerieposten Stockerau vom Fahrdienstleiter des Bahnhofes Stockerau verständigt, dass sich der flüchtige Mörder Ernst Dostal im Schnellbahnzug, der um 12.08 Uhr eintrifft, befinde. GBI N., PGend S. und Gend F. trafen, mit Karabiner und Pistole bewaffnet, um 11.55 Uhr

auf dem Bahnhof ein und nahmen, verstärkt durch GRyI K. und Gend K. von der Verkehrsabteilung-Außenstelle, beidseitig der Gleisanlagen Aufstellung. GBI N. stand im verglasten Windfang vor dem Schalter. Knapp vor Eintreffen des Zuges erhielt der Fahrdienstleiter die telefonische Mitteilung vom Bahnhof Floridsdorf, dass Dostal mit gezogener Pistole in der Schnellbahn sitze und mit einem blauen Anzug bekleidet sei. Außerdem trage er einen Vollbart.«

Der Zug kam planmäßig an. Ein Fahrgast, auf den die Beschreibung passte, stieg aus. Mit den Händen in den Taschen ging er den Bahnsteig entlang, und wir lesen weiter im Text:

»Da BI N. überzeugt war, dass es sich um Ernst Dostal handle, zertrümmerte er mit dem Karabinerlauf eine Fensterscheibe des Windfanges und rief: ›Halt, stehen bleiben! Hände hoch, oder ich schieße!‹ Da der Mann unbeirrt weiterging und die Hände in den Taschen behielt, wurde ihm nochmals durch Zurufen der Waffengebrauch angedroht. Als der Mann auch diesmal der Aufforderung keine Folge leistete, gab BI N. zwei Warnschüsse mit dem Karabiner gegen den Bahnkörper ab, worauf der Mann anhielt. Wie sich herausstellte, handelte es sich keineswegs um Ernst Dostal, sondern um den Schnellbahnschaffner Josef B., der nicht verletzt wurde. Ein Projektil drang in die rechte untere Ecke der rechten Tür des zweiten Einstiegabteils des unbesetzten Triebwagens, wodurch, ebenso wie durch das Einschlagen des Windfangfensters, geringer Sachschaden in noch nicht bekannter Höhe entstand.

Durch das Durchsuchen des Schnellbahnzuges nach dem eventuell versteckten Ernst Dostal entstand eine Verspätung von dreizehn Minuten. Das Einschreiten erregte kein besonderes Aufsehen. Schriftlicher Bericht folgt.«

Man kämpfte nicht nur gegen die Mühlen der Bürokratie, man hatte auch seine liebe Not mit den Requisiten. Für alle niederös-

Ein Polizeitrupp auf Mörderjagd – 1973.

terreichischen Gendarmeriebeamten, einschließlich der Sonderabteilungen, standen im Jahr 1973 sage und schreibe drei kugelsichere Westen zur Verfügung. Dabei war man in Niederösterreich wirklich fortschrittlich, denn für die Wiener Polizei gab es gar nur zwei derartige Schutzgewänder. Und die waren auch noch extrem schwer.

»Können Sie sich vorstellen, durch solche schmalen Schlitze zu schauen und dann noch ein Ziel zu treffen?«, spielt Erich Zoglmann, der ehemalige Leiter der Tatortgruppe, auf die kugelsicheren Gesichtsmasken von anno dazumal an. »Aber auch die normalen Stahlhelme waren kaum brauchbar, jemand mit Brille, wie ich, konnte sie überhaupt nicht tragen.«

»Wissen Sie, wie ich oft gegangen bin, wenn's gefährlich geworden ist?«, erzählt Zoglmann. »Mein Chef hat mir das Telefonbuch in die Hand gedrückt, ich hab es in die schon für diese Zwecke immer bereitgehaltene Aktentasche gesteckt, und die hab ich mir dann vor die Brust und den Bauch gehalten.«

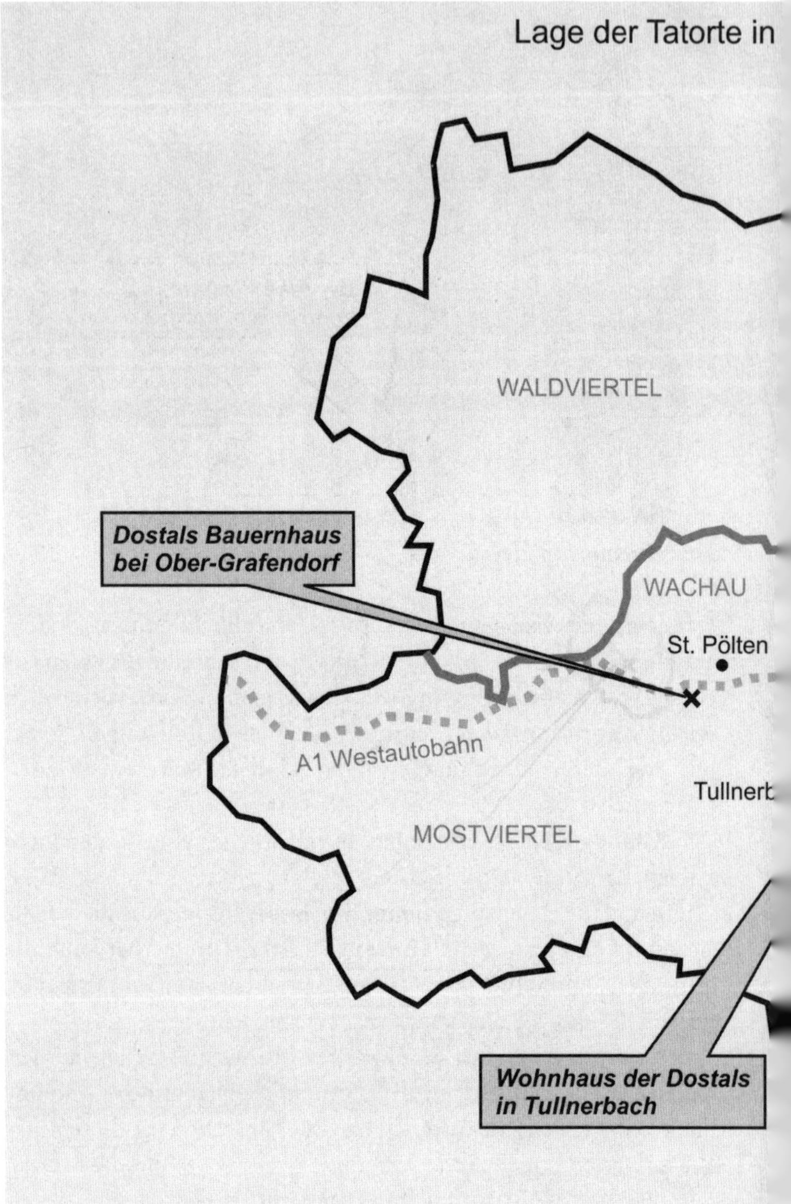
Lage der Tatorte in
WALDVIERTEL
Dostals Bauernhaus
bei Ober-Grafendorf
WACHAU
St. Pölten
A1 Westautobahn
Tullnerb
MOSTVIERTEL
Wohnhaus der Dostals
in Tullnerbach

österreich und Wien
Dostals Ende
in Altlengbach
Dvoraks Wohnung
Wien 6, Mollardgasse
WEINVIERTEL
Tatort Groß-Enzersdorf
ENERWALD
Wien
Donau
USTRIE-
RTEL
A2 Südautobahn
Gendarmeriekaserne
Wien 3, Rennweg
Explosion an der A2
bei Guntramsdorf

Von einem speziell geschulten Einsatzkommando mit mehreren hundert Spitzenathleten, die in der Lage sind, sich kopfüber von Wolkenkratzern abzuseilen, und dafür auch noch eine Top-Ausrüstung zur Verfügung haben, davon konnte man zu Zeiten der Dostal-Jagd nur träumen. Tatsächlich war Österreich bis dato vom internationalen Terrorismus weitgehend verschont geblieben. Doch spätestens nach dem OPEC-Überfall 1975 wurde auch hierzulande der Ruf nach einer polizeilichen Antiterroreinheit laut. Offiziell gegründet wurde die »Cobra« dann 1978 unter der Bezeichnung »GEK«.

Aber wie ging es fünf Jahre davor mit Ernst Dostal weiter? Der hatte mit seinem neuen Fluchtauto Wien längst durchquert und trieb sich in der Umgebung von Klosterneuburg herum. Hier sah eine aus neunundvierzig Buben bestehende Pfadfindergruppe etwa um 12.30 Uhr einen grünen Ford Escort, der auf einer Wiese vor einer Forstschranke anhielt. Ein Mann stieg aus und entfernte sich eilig. Als die Pfadfinder auf dem Rückweg von ihrem Ausflug um 17.30 Uhr das Auto noch immer herrenlos vor der Schranke stehen sahen, verständigte ihr Anführer die Gendarmerie. Wenig später wusste man: Der Escort gehörte dem jungen Herrn Fischer aus Groß-Enzersdorf, und der Mann, den die Pfadfinder aussteigen gesehen hatten, war Ernst Dostal. Doch darüber hinaus: Mystifikation. War Dostal der Dieb eines Puch Haflingers, der am Sonntag in Klosterneuburg-Weidling gestohlen wurde? War er mit diesem geländegängigen Fahrzeug auf zerklüfteten Waldwegen unterwegs? In Richtung Westen, nach Tullnerbach? Es war bezeichnend: Ein Bursche von seiner Intelligenz und Geschicklichkeit hätte sich längst ins Ausland absetzen können. Stattdessen zog es ihn heim zu Mama.

Und die hatte sich noch vor dem Doppelmord den Journalisten gestellt. Ihre Appelle an Sohn und Ehemann konnte man im gesamten Bundesgebiet via Radio und TV empfangen. Theresia Dostal klang eher larmoyant denn verzweifelt: »Ich hab nichts gehört von ihnen, seit es begonnen hat, und ich hab überhaupt keinen Kontakt. Ich hab nur Angst, weil ich nicht weiß, was ich tun soll, und wenn s' nicht zurückkommen … und … und …« Hilfesuchend blickte sie in die Kamera. »Ernsti, Robert, bitte kommt doch zurück! Es geht so nicht weiter, es wird alles nur noch viel schlimmer, und irgendeinen Weg werden wir ja doch finden. Kommt doch zurück!«

Die beiden Männer dachten nicht daran. Der eine irrte durch den Wienerwald, der andere befand sich in der Schweiz. Zumindest vorübergehend. Der Prokurist jenes Solothurner Unternehmens, für das Robert Dostal als Österreich-Vertreter agierte, hatte am Samstagmorgen die Tageszeitung Kurier gelesen. »Als ich sah, was in Wien los war, habe ich die Kantonspolizei alarmiert.«

Die kam nur eine halbe Stunde zu spät in die Bank nach Biel, bei der Dostal senior ein Konto hatte. Der Vater war schon mit einhundertfünfundzwanzig Franken in der Tasche untergetaucht. Auch das Durchblättern der Hotel-Meldelisten dauerte seine Zeit, und bis die vergangen war, war der Vogel ausgeflogen. Er hatte im Nobelhotel Astoria in Solothurn residiert, wie sonst auch bei der Abwicklung seiner Schweizer Geschäfte. Da Robert Dostal außerdem Geschäftsverbindungen in Übersee hatte, nahm die Kantonspolizei an, dass er sich nach Südamerika abgesetzt haben könnte.

Gegenüber der Kronenzeitung äußerte einer seiner Kompagnons aus Biel: »Ich war vor etwa drei Wochen auf Geschäftsreise in Österreich und dabei auch im Wohnhaus Robert Dostals in Tullnerbach eingeladen. Es war ein sehr nettes Beisammensein. Nur der Junior ist mir ein wenig komisch vorgekommen.«

Der Junior setzte sein tödliches Räuber-und-Gendarm-Spiel fort. In einer komfortablen Jagdhütte bei Klosterneuburg löffelte er Ochsenschwanzsuppe, kleidete sich neu ein und stahl ein Transistorradio, das ihm ermöglichte, jederzeit und allerorts die Berichte über seine Fahndung zu verfolgen. Nebenbei ließ er noch ein Jagdgewehr, einen sogenannten »Elefantentöter« mit dreißig

Eines von Dostals Fluchtautos: ein Puch Haflinger.

passenden Patronen, ein Schrotgewehr, ein Kleinkalibergewehr und zwei Ferngläser mitgehen.

Eine Gendarmeriepatrouille sichtete das gestohlene Geländefahrzeug im Gemeindegebiet von Sieghartskirchen, Bezirk Tulln, der Puch Haflinger fiel durch seine merkwürdige Fahrweise auf. Sofort nahmen die beiden Gendarmen im Streifenwagen die Verfolgung auf. Dostal aber bog kurzerhand in einen regennassen Acker ab, und der VW Variant der Gendarmen blieb im Morast stecken. Aus nur zehn Metern Entfernung verschwand Dostal und blieb wie vom Erdboden verschluckt. In der Folge durchstreiften zweihundertfünfzig Exekutivbeamte das Gebiet zwischen Klosterneuburg und Sankt Pölten, da aus dieser Gegend mehrere Nachrichten über ein angebliches Auftauchen des Verbrechers eintrafen.

Aus der Bevölkerung kommt eine Flut von Hinweisen.

Am Montag, dem 25. Juni, um 10.00 Uhr wurde die Alarmfahndung abgebrochen. Gleichzeitig wurde eine Koordinationszentrale im Innenministerium eingerichtet, in der man alle die Dostals betreffenden Fahndungsmeldungen auffing. Ein spezieller Funkjournaldienst, der mehr als zweihundert Funkgespräche der einzelnen Streifenwagen gleichzeitig empfangen konnte, wertete alle Meldungen aus und dirigierte, zusammen mit der Funkleitstelle, die Patrouillenfahrzeuge zu den Einsatzorten. Auch das Bundesheer wirkte im Hintergrund bei der Suchaktion mit. Kriminalisten zogen eine »Vorortelinie«: Sie legten auf allen Einzugs- und Ausfallsstraßen zwischen Wien und Niederösterreich Sicherungsketten aus, die die Autofahrer zum Anhalten zwangen, wollten sie nicht ihre Reifen durch spitze Nägel zerschlitzt bekommen. Es ergingen Warnungen an die Bevölkerung, dem zu allem entschlossenen Mörder mit größter Vorsicht entgegenzutreten. »Er verfügt über einen ausgesprochenen Killerinstinkt und muss inzwischen ausgehungert, übernächtig und ohne Geld sein, was ihn nur noch gefährlicher macht«, hieß es.

Der Montag war aber auch der Tag, an dem manche sich zu fragen begannen, ob nicht Polizei und Gendarmerie bei ihrer Suche nach dem Amokläufer entscheidende Fehler gemacht hätten. Einige Zeitungen veröffentlichten entsprechende Kommentare und verabsäumten gleichzeitig nicht, die Öffentlichkeit mit immer mehr Einzelheiten aus dem Leben der Dostals zu versorgen.

Am Dienstagmorgen versah dann Rayonsinspektor Josef Janulik von der niederösterreichischen Erhebungsabteilung seinen Routinedienst im Casino Baden. Dort erreichte ihn sein Chef, Oberstleutnant Johann Schachner, telefonisch. »Komm sofort in die Kriminalabteilung!«, ließ er verlauten. »Wir haben einen wichtigen Hinweis!«

Gegenüber der Presse hieß es, ein aufmerksamer Zeitungsleser, der anonym bleiben wolle, hätte diesen entscheidenden Hinweis gegeben. In Wahrheit aber hatten zwei Staatspolizisten, deren tägliche Aufgabe es war, alle Zeitungen nach verdächtigen Annoncen zu durchforsten, das Inserat in der Rubrik »Korrespondenz« des Kurier entdeckt:

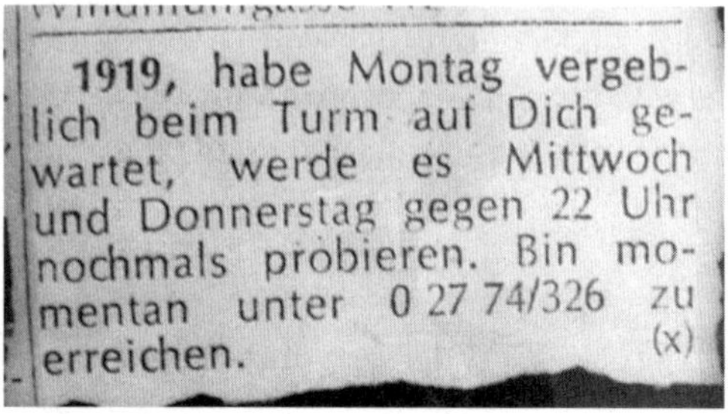

1919, habe Montag vergeblich beim Turm auf Dich gewartet, werde es Mittwoch und Donnerstag gegen 22 Uhr nochmals probieren. Bin momentan unter 0 27 74/326 zu erreichen. (x)

8. Das tragische Ende – Trotz allem: Lachen befreit

1919, habe Montag vergeblich beim Turm auf dich gewartet, werde es Mittwoch und Donnerstag gegen 22 Uhr nochmals probieren. Bin momentan unter 02774/326 zu erreichen.

Neben dem »sehr aufgeschlossenen Modell Irina, das Fotoamateure sucht« und der »aparten Halbinderin, noch stundenweise frei« nahm sich das Inserat für den Normalleser wie ein vereinbartes Zeichen für eine Hintertreppenromanze aus. Die Ermittler der Sonderkommission aber entlarvten es als Hilferuf Ernst Dostals an seinen Vater, denn sie wussten: Robert Dostal war am 1.9.1919 zur Welt gekommen. Außerdem gehörte die angegebene Telefonnummer zu einer Wochenendvilla in Altlengbach, Bezirk Sankt Pölten, die der Besitzer seit Längerem nicht betreten hatte. Das stellte sich bei der Überprüfung rasch heraus, und durch einen Anruf bei der Anzeigenabteilung des Kurier erfuhren die Kriminalisten, dass das Inserat telefonisch von einem Mann aufgegeben worden war und in drei aufeinander folgenden Ausgaben erscheinen sollte.

Die »Hungerburg« bei Altlengbach.

Später berichtete ein Bewohner von Altlengbach der Polizei, dass er den im Inserat genannten Treffpunkt kenne. Es handle sich um ein baufälliges Wohnhaus, dessen Turm bereits einige Jahre zuvor abgetragen worden war. Dieses Haus sei den Anrainern als »Hungerburg« bekannt. Ein altes Foto brachte der Mann auch gleich mit, und beim Lokalaugenschein stellte sich heraus, dass das Gebäude zwanzig Gehminuten außerhalb des Ortes auf einer Anhöhe lag, von der man einen herrlichen Fernblick bis hin zur Westautobahn hatte.

Zeugen wollten am Montagnachmittag einen etwa fünfzigjährigen Unbekannten »in einem schlottrigen grauen Anzug« gesehen haben, der zur Hungerburg ging und nach einiger Zeit wieder zurückkam. Könnte dieser Mann Robert Dostal gewesen sein?

Ein Gastwirt jedenfalls hatte am späten Montagabend einem jungen Mann Gulasch, Gurkensalat und Bier serviert. Zwar stieß sich der Wirt am Fehlen des schütteren Oberlippenbarts und stellte deshalb eine Ähnlichkeit mit Ernst Dostal in Abrede, aber in jener Villa, zu der die im Inserat angegebene Telefonnummer gehörte, fanden die Spurensicherer um Erich Zoglmann später Bartstoppel im Badezimmer. Ernst Dostal hatte sich dort rasiert.

Vor ebendieser Villa stand nun nervös und übernächtig Josef Janulik von der niederösterreichischen Erhebungsabteilung. Er hatte die Nacht von Montag auf Dienstag im Zimmer von Ernst Dostal in Tullnerbach durchwacht. Er und sein Kollege hatten gedeckt links und rechts der Terrassentür gesessen und vergeblich auf die Rückkehr des Mörders gewartet.

»Er hat zwar einen Hausschlüssel, aber er kommt bestimmt durch die Terrassentür herein«, hatte Theresia Dostal gemeint. Unter Tränen erzählte sie den beiden Kriminalisten, welche Bewandtnis es mit der an der Wand hängenden Matratze im Zimmer ihres Sohnes hatte: Er stellte regelmäßig den Wecker, und sobald der mitten in der Nacht losrasselte, sprang »Ernsti« auf und feuerte in Combat-Stellung auf die Matratze.

Nach der schlaflosen Nacht trat Josef »Pepi« Janulik, wie erwähnt, seinen Dienst im Casino Baden an, wo ihn Oberstleutnant Schachners Anruf erreichte. Es folgte eine kurze Besprechung in der Rennwegkaserne, dann brach man zum Einsatz nach Altlengbach auf. Den Einwurf Januliks, man sollte eventuell Tränengas mitnehmen, wischte der Chef in der Eile vom Tisch. »Nein, den Einsatzkoffer brauchen wir nicht, den kriegen wir auch so.«

Am Gendarmerieposten in Altlengbach wurde die Einsatztruppe zusammengestellt. »›Pepi, du hast eh keine Kinder‹, hat es geheißen, und schon haben sie mir die altertümliche Bleiweste umgehängt«, erinnert sich der Kriminalist an den Beginn des Einsatzes. Dasselbe Schicksal war dem Erhebungsbeamten Josef Fleck und Rayonsinspektor Werner Fleisch von der Hundeführerstaffel samt messerscharfem Rottweiler beschieden.

Nun standen die drei also angespannt vor dem Anwesen Altlengbach Nummer 38 und fanden die Fensterläden geschlossen, die Haustür aber unversperrt vor. Janulik, mit einer Maschinenpistole der Marke Uzi bewaffnet, betrat allein den Vorraum. Links lag ein Dienstbotenzimmer mit Küche. Auf dem Tisch standen ein angebrochenes Päckchen Zwieback und eine Tasse Kaffee. Janulik berührte sie – der Kaffee war noch warm. Vorsichtig tastete der Kriminalbeamte sich weiter den Gang entlang und sah nach einigen Metern rechts ins Wohnzimmer. Dort hatte jemand ein paar Balken von einem Fensterladen ausgebrochen. Die Bretter lagen auf dem Fußboden, daneben lehnte ein Kleinkalibergewehr mit Zielfernrohr. Auf einem Kästchen spielte ein Transistorradio – jenes Gerät, das Dostal am Sonntagabend in Klosterneuburg-Weidling in die Hände gefallen war?

Die Einsatzgruppe: Josef Janulik, Josef Fleck, Werner Fleisch. Links im Bild: Tatortchef Erich Zoglmann.

Janulik hielt es für glatten Selbstmord, weiter in das Haus vorzudringen. »Es waren noch fünf oder sechs Räume, und ich hätte nur eine Tür aufzumachen brauchen, hinter der Dostal lauerte. Er hätte nur mit der Pistole abdrücken müssen, und schon wär ich dagelegen.« Der Kriminalist zog sich zurück, immer auf der Hut vor dem Verbrecher, der jederzeit unvermittelt hätte auftauchen können. »Aufpassen, der Dostal ist im Haus!«, ließ er seine vor der Tür wartenden Kollegen wissen.

Draußen ging man in Deckung. »Was ist denn los?«, wollte Kommandant Schachner wissen.

»Ich geh da nicht weiter«, erwiderte Janulik. »Ich brauch Tränengas.«

Es folgte ein Funkspruch an das Landesgendarmeriekomman-

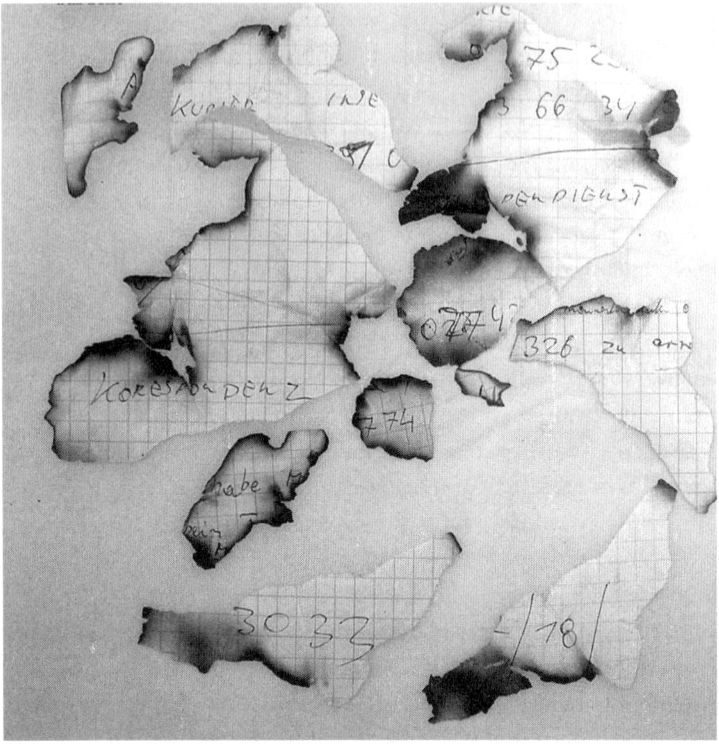

Die im Haus gefundenen angesengten Papierstücke mit handschriftlichen Notizen Ernst Dostals beweisen: Er gab das Inserat auf.

do, ein Hubschrauber möge unverzüglich Tränengas und Gewehrgranaten bringen. Das gehe nun wirklich nicht, lautete die Antwort, es sei verboten, Explosivmaterialien im Hubschrauber zu transportieren. Aber die Verkehrsabteilung würde eine Streife entsenden, welche die gewünschten Utensilien herbeischaffe.

Warten.

Eine knappe Stunde verging, dann bremste ein weißer Porsche abrupt vor dem Haus ab. Ein Mann in schmucker Uniform und mit weißer Mütze entstieg dem Sportwagen und überreichte das Tränengas, bevor er sich zu den anderen Uniformierten, die den

Einsatzort in einem Umkreis von etwa fünfzig Metern absperrten, zurückzog. Josef Janulik heftete sich zwei Tränengasdosen beidseitig an die Brust, zerschoss mit einer Gewehrgranate das Fenster und warf eine Patrone mit dem Reizgas hinein.

Wieder warten. Und aufpassen, besonders an der Hinterseite des Hauses, denn Dostal wäre höchstwahrscheinlich in den Garten geflüchtet. Aber er kam nicht heraus.

Hielt er sich vielleicht in der Garage auf? Nein. Doch der Puch Haflinger stand dort, den Dostal in Weidling gestohlen und zur Flucht durch den Wienerwald benutzt hatte. Abermals allein kletterte Janulik die Eisenstiege auf den Dachboden hinauf. »Auf einmal sah ich eine große alte Bauerntruhe und dahinter etwas Schwarzes. Da hab ich sofort eine Salve losgelassen.« Die Dachziegel flogen, die Kollegen unten schreckten auf, doch es war nur ein dunkler Mantel, der zu Boden fiel.

Die Nerven lagen blank. Oberstleutnant Schachner schnauzte seinen Untergebenen an, warum er denn geschossen habe. Der schnauzte zurück: Wenn Schachner glaube, er könne es besser, dann solle bitte er es machen. »Bei mir geht es um die Gesundheit, um mein Leben!«

Das sah der Chef trotz seiner Sorge wegen des entstandenen Sachschadens ein. Während Janulik auf seine Art den Keller des Hauses durchsuchte, kam – es war mittlerweile 12.35 Uhr – ein Funkspruch: Ein Wiener, der in Lengbachl nächst Altlengbach ein Wochenendhaus besaß, hatte die Polizei angerufen und gemeint, sein Haus würde sich vortrefflich als Versteck für den flüchtigen Verbrecher eignen, läge es doch in günstiger Hanglage auf der Klarahöhe.

»Ich nahm den Funkspruch zur Kenntnis«, schrieb Oberstleutnant Schachner später in seinem Bericht. Wo es weiter heißt: »In der Zeit von 14.00 bis 15.00 Uhr wurde das ebenfalls leer stehende Haus Altlengbach Nummer 110 durchsucht. Diese Maßnahme war notwendig geworden, weil der Eigentümer dem Landesgendarmeriekommando telefonisch mitteilte, dass Dostal die Örtlichkeit kenne und sich möglicherweise dort aufhalten könnte.«

Nachdem auch diese Untersuchung ergebnislos beendet war, stellte sich ein Polizeibeamter bei Schachner vor. Er und ein Bekannter, sagte der Polizist, hätten den Funkspruch von 12.35 Uhr mitgehört, sich zum betreffenden Haus auf der Klarahöhe begeben und dort Verdächtiges entdeckt: frische Schuhabdrücke auf einem Sandhaufen und im Gras sowie Erdspuren auf der Klinke der Gartentür, die offenbar von einem Übersteigen herrührten.

Oberstleutnant Schachner in seinem Bericht: »Die Kenntnis der Funkspruches und die Mitteilung des Polizeibeamten bewogen mich, mit den Einsatzkräften zum Haus Lengbachl Nummer 12 zu fahren.«

Der letzte Unterschlupf: Haus Lengbachl Nummer 12.

»Dort bin ich noch einmal auf die Welt gekommen«, sagt Josef Janulik heute. Damals allerdings meinte der Frontmann des Einsatzteams reichlich brüsk zu seinen uniformierten Kollegen: »Schaut's, dass ihr die da weg bringt's, die sind in Gefahr!« Mit »die« meinte er nicht nur die Nachbarn und Bauarbeiter, die zwischen den halbfertigen Sommerhäusern das aufregende Geschehen beobachteten, sondern auch den Tross aus in- und ausländischen Reportern, den die Kriminalisten seit Stunden hinter sich herzogen. Selbst ein Kamerateam des ORF zählte zum hartnäckigen Gefolge, denn die Mörderjagd sollte in den Abendnachrichten und in diversen Sondersendungen über Millionen Bildschirme flimmern.

Die Nachmittagssonne spiegelte sich in den Fenstern des Hauses. Hinter den Jalousien bewegte sich eine schemenhafte Gestalt. »Der Dostal hat uns die ganze Zeit über beobachtet«, ist Janulik überzeugt. »Er hätte uns spielend abknallen können.«

Aber er tat es nicht, er saß in der Falle.

»Dostal, kommen Sie raus! Das Haus ist umstellt!«, schallte es aus dem Megaphon.

Er rührte sich nicht. Nie. Niemals würde er aufgeben. Doch es war zwecklos, auf drei Kriminalisten zu feuern, wenn rundherum bereits ein Dutzend Scharfschützen auf ihn lauerte. Also abwarten. In dem einen Hosensack den Revolver, in dem anderen die Pistole, und den Karabiner in den Anschlag. Dann nachdenken. Scharf nachdenken. Wo ist das Schlupfloch?

Das Haus ist umstellt.

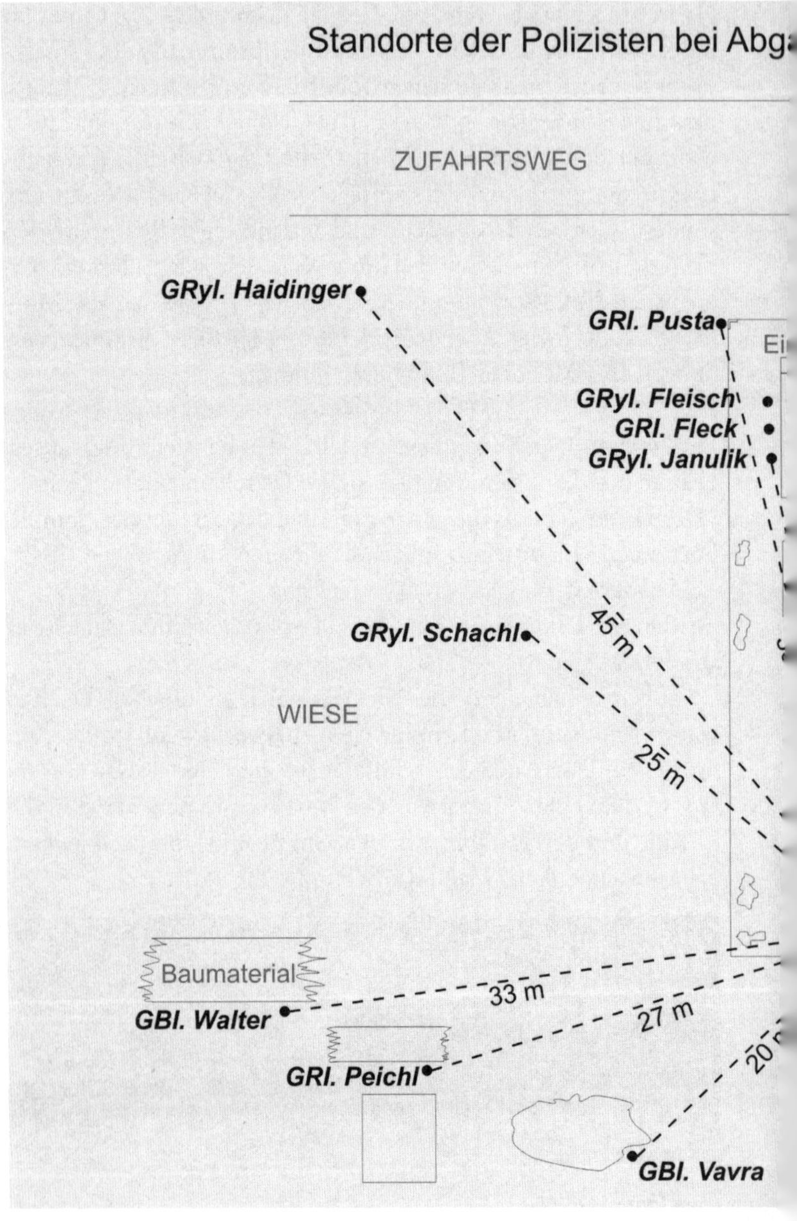
Standorte der Polizisten bei Abg
ZUFAHRTSWEG
GRyl. Haidinger
GRI. Pusta
GRyl. Fleisch
GRI. Fleck
GRyl. Janulik
45 m
GRyl. Schachl
WIESE
25 m
Baumaterial
GBI. Walter
33 m
27 m
GRI. Peichl
GBI. Vavra

der Schüsse gegen Ernst Dostal

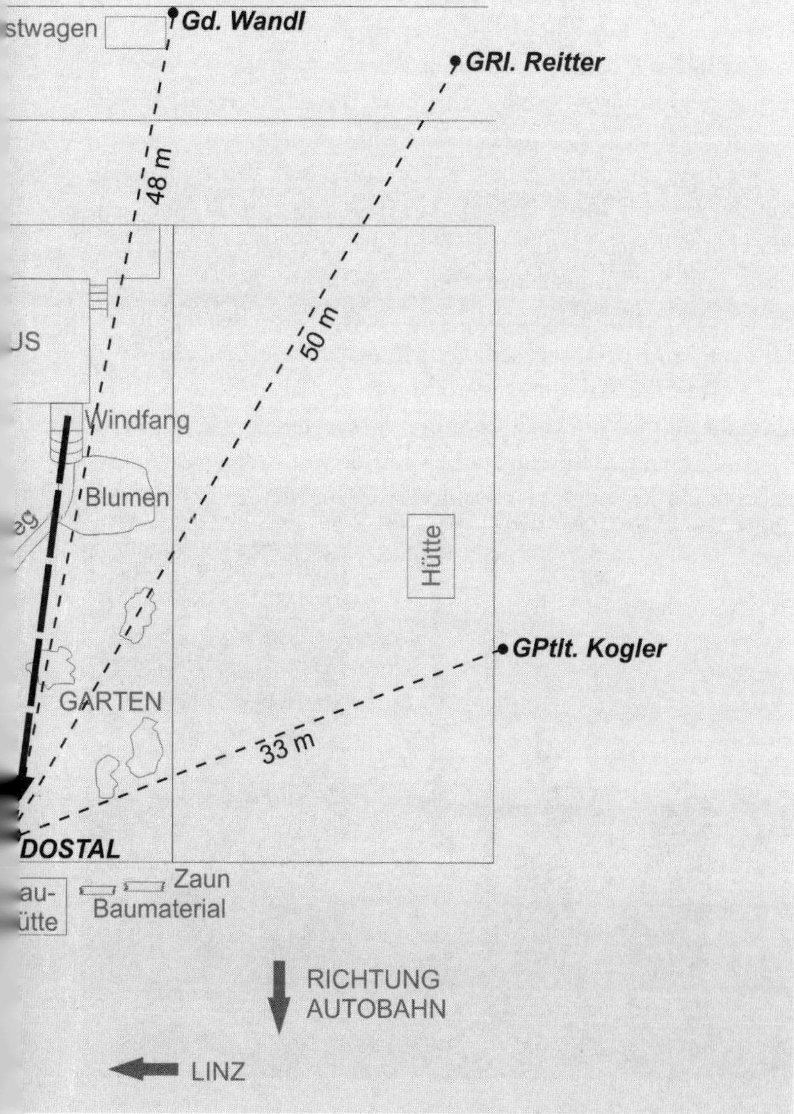

Inzwischen hatte der eine Josef (Fleck) dem anderen Josef (Janulik) die Räuberleiter über den Gartenzaun gemacht. Letzterer drängte sich an die Hausmauer, sicherte seine MP, schlug mit dem Gewehrschaft kopfüber gegen das Fenster. Verdammt, solides Verbundglas. Doch beim zweiten Versuch klappte es, das Fensterglas zersplitterte. Janulik warf eine Tränengasgranate hinein. Und noch eine. Es rauchte beträchtlich.

»Aufpassen, unten geht die Tür auf!«, rief Revierinspektor Reitter, der von seiner Position aus freie Sicht auf die Rückseite des Hauses hatte. Janulik lief, dicht gefolgt von Revierinspektor Fleck und Rayonsinspektor Fleisch, seitlich vorbei hinunter in Richtung Garten. Als er an der Hausecke ankam, fielen plötzlich Schüsse. Ein Kugelhagel schlug dicht neben Janulik in die Mauer ein. Er stammte von weniger erfahrenen Kollegen, die vor Aufregung ihr momentanes Schießverbot missachteten.

Auch im nächsten Augenblick war dem couragierten Kriminalisten ein Riesenglück beschieden. Zehn Meter von ihm ent-

Einschüsse an der Hausecke.

Waffengebrauch gegen Ernst Dostal am 26.Juni 1973

Amtsvermerk

GRyI.	FLEISCH	8	Patronen	M 35
GRyI.	JANULIK	75	-"-	MPi
GRyI.	HAIDINGER	10	-"-	M 1
Gd.	WANDL	3	-"-	M 1
GRyI.	SCHACHL	4	-"-	M 1
GRI.	PEICHL	10	-"-	M 1
GBI.	VAVRA	3	-"-	M 1
GRI.	PUSTA	6	-"-	M 35
GRI.	REITTER	20	-"-	MPi
GRI.	FLECK	50	-"-	MPi
GBI.	WALTER	2	-"-	M 1
GPtlt.	KOGLER	2	-"-	M 1

Gesamtdetail:	145	MPi
	34	M 1
	14	M 35
Totale:	193	Patronen

Im Haus Altlengbach Nr. 38 wurden als Warnschüsse abgegeben:

GRI.	FLECK	3	M 1
GRyI.	JANULIK	2	MPi
GRyI.	FLEISCH	1	M 35
Insgesamt:		6	Patronen

Tränengaswurfkörper-Verbrauch: In Altlengbach Nr. 38 - 12 Stück
Im Hause Lengbachl 12 - 3 Stück

fernt stolperte Ernst Dostal hustend aus dem Haus und drückte sofort ab. »Ich sah ein kolossales Mündungsfeuer, das aber knapp über meinen Kopf hinwegging.« Dostal schoss mit dem gestohlenen Elefantentöter, mit acht Zentimeter langen und neun Millimeter starken Projektilen. »Die wären durch meine Bleiweste geflutscht wie durch Butter.« Sogleich wollte Janulik aus der Hüfte heraus den Angriff parieren. Aber die Maschinenpistole versagte – er hatte sie ja vorher beim Einschlagen des Fensters gesichert!

Der Makel war schnell behoben, und als Dostal wieder im Haus verschwand, schoss Janulik ihm nach. Ein volles Magazin aus fünfundzwanzig Schuss prasselte innerhalb von zwei Sekunden in die schwere Eichentür. Auch Dostal bekam etwas davon ab. Nach Luft ringend und mit blutendem Arm stürzte er abermals in den Garten. Dabei schoss er wieder auf Janulik, der sich niederkniete, um das Magazin zu wechseln. Dostal rannte. Rannte, was das Zeug hielt, hangabwärts zur Autobahn. Doch der stabile Gartenzaun versperrte ihm den Fluchtweg. Es half nichts, verletzt, wie er war, musste er hinter einem Erdwall und einer frisch gepflanzten Linde in Deckung gehen.

Ein Josef (Fleck) hielt den anderen Josef (Janulik) am Hemd zurück. »Pepi, bleib da!« Aber auch hier half es nichts. Pepi riss sich los und lief, beständig Einzelschüsse aus seiner Uzi abgebend, auf den Mörder zu. »Ich war dermaßen geladen. Was der meinen Kollegen und den zwei wehrlosen Eheleuten und ihren Familien angetan hatte! Ich wollte Dostal zum Aufgeben nötigen.«

Doch als Janulik beim Verbrecher ankam, sah er das Einschussloch an dessen Stirn. Gehirnmasse trat an der Hinterseite des Kopfes aus. Die Pistole lag im Gras. Ernst Dostals Hand zuckte nur noch.

15.43 Uhr. Die Waffen verstummen. Es war aus. Oder doch nicht?

Oben im Haus bewegte sich etwas. Ein Gendarm rief: »Der Alte schaut runter!«

Die Rettung transportiert den tödlich verletzten Amokläufer ab.

Erleichterung bei der Einsatzgruppe: Josef Janulik, Werner Fleisch, Josef Fleck.

Josef Janulik, vor Erregung bebend, lief sofort mit der Gasmaske vorm Gesicht in das obere Stockwerk des Hauses.

Doch es war nicht Robert Dostal. Nur der Wind, der den Vorhang blähte.

15.45 Uhr. Die Kriminalisten der Einsatzgruppe beugten sich über den bewusstlosen Schwerverbrecher. Sie entwaffneten ihn, benachrichtigten die Rettung. Da ertönte ein Funkspruch aus dem Burgenland: »Ernst Dostal fährt in Pkw Marke Opel Richtung Neusiedler See. Die Verfolgung wurde aufgenommen, die Einkreisung ist gelungen.«

Josef Janulik konnte nicht anders, er musste lachen. Es wirkte sehr befreiend.

9. Wer tötete Ernst Dostal? – Verräterische Flecken, der Vater und ein Überraschungsfund

Durch den Einsatz entstand am Haus Lengbachl Nummer 12 ein Schaden in der Höhe von achtzigtausend Schilling, den die Republik innerhalb weniger Tage beglich.

»Davon hat der Dostal einiges verursacht, das meiste aber ich«, bekennt Josef Janulik, heute Abteilungsinspektor im Ruhestand, bei einem Glas Rote-Rüben-Saft. »Ich bin nicht stolz darauf, dass ich auf einen Menschen geschossen habe. Aber es war meine Aufgabe, und das eigene Leben ist mir lieber als das eines Schwerverbrechers.«

Ernst Dostal kam im Rettungswagen nicht mehr zu Bewusstsein, er starb am 26. Juni 1973 um 16.54 Uhr im Krankenhaus Sankt Pölten.

Ernst Dostals letzte Ausrüstung.

Im einfachen Zinnsarg wird der Tote in die Prosektur gerollt.

Am folgenden Tag behauptete jener Beamte, der mit dem Porsche das Tränengas gebracht hatte, gegenüber der Presse, er habe den Amokläufer, als dieser auf seinen Kollegen Janulik anlegte, im letzten Moment mit drei gezielten Schüssen getötet. Einen weiteren Tag später führte Dozent Doktor Walter Boltz im Gerichtsmedizinischen Institut Wien die Obduktion Ernst Dostals durch. Dabei stellte er vier Schussverletzungen an der Leiche fest: einen harmlosen Streifschuss am linken Ohr, einen Durchschuss in die linke Schulter mit Austritt an der Achselhöhle, einen Schussbruch des linken Oberarmknochens und schließlich den tödlichen Schuss in die Stirn mit Austritt am Hinterkopf.

Der Gerichtschemiker und Schusssachverständige Professor Doktor Gottfried Machata sollte klären, wer diesen letzten Schuss abgegeben hatte. Durch die Beschmauchung und durch Schussvergleichstest kam er zu dem Ergebnis, dass die drei Verletzungen an der linken Körperseite von Fernschüssen stammten, der Schädeldurchschuss jedoch aus einer Entfernung von fünfzehn Zentimetern abgegeben wurde. Alle beteiligten Exekutivbeamten sagten aus, dass sie beim Schusswechsel nicht näher als zwanzig Meter an Dostal herangekommen waren. Daher ist anzunehmen, dass Ernst Dostal sich selbst erschoss. Offenbar hatte er die Ausweglosigkeit seiner Situation erkannt und die Konsequenz gezogen.

Aus dieser Schlussfolgerung ergab sich jedoch ein Problem: Dostal, ein Linksschütze, konnte durch den Schussbruch des Oberarmknochens den linken Arm nicht mehr heben. Auch nach dem Verlauf des Schusskanals müsste er seine Pistole mit der linken Hand geführt haben. Obduzent Walter Boltz fand eine Erklärung: Die Finger der linken Hand hätten durchaus den Abzug betätigen können, wenn Dostal den verletzten Arm mit der rechten Hand gestützt oder etwa den Zaun als Stütze benutzt hätte. Das gerichtsmedizinische Gutachten beantwortet somit die Frage nach dem »Wer?« nicht eindeutig.

Auch der Bombenmord an Richard Dvorak kann Ernst Dostal nicht mit hundertprozentiger Sicherheit nachgewiesen werden. Eine Kette aus Indizien legt aber seine Schuld an diesem besonders perfiden Verbrechen nahe:

- Am 13. Juni war ja um 6.00 Uhr, zweieinhalb Stunden nach der Sprengung an der Südautobahn, ein Anruf von Dvoraks Mutter im Haus Tullnerbach eingegangen. Ernst Dostal hatte aber nicht abgehoben, weil er, wie er im Verhör behauptete, tief und fest geschlafen habe. Oder war er vielleicht noch auswärts mit Säuberungsarbeiten beschäftigt? Dvoraks Mutter jedenfalls gab zu Protokoll, dass er unrasiert und übernächtig war, als sie ihn später an diesem Tag aufsuchte.
- Unmittelbar nach der Intervention der Erhebungsbeamten am 16. Juni wurde Dostal sehr agil. »Seine Tätigkeiten waren darauf ausgerichtet, Beweismaterial vor der untersuchenden Behörde zu verstecken«, heißt es in der Anzeige an die Staatsanwaltschaft. Eine solche »Verschleierungshandlung« war eine weitere Annonce, die am 23. Juni im Kurier erschien und in der der Bauernhof in Mitterndorf zum Preis von zweihundertachtzig Schilling zum Verkauf angeboten wurde. Da im Inserat die Tullnerbacher Telefonnummer angeführt war und bar bezahlt wurde, nahm man an, dass Ernst Dostal selbst die Anzeige aufgegeben hatte.
- Theresia Dostal vermisste in ihrer Küche einen Junghans-Kurzzeitmesser, den vermutlich ihr Sohn zum Basteln des Zeitzünders für die Bombe verwendet hatte, die Dvoraks Leiche zerfetzte.
- Zudem war der Einachsanhänger verschwunden, den Dvoraks Mutter und die Nachbarn in Tullnerbach gesehen hatten. Ein ehemaliger Schulkamerad von Ernst Dostal sagte aus, dass Dostal den Anhänger zu ihm nach Perchtoldsdorf gebracht hatte, er wollte ihn eine Woche lang dort stehen lassen, hatte ihn aber schon viel früher wieder abgeholt. Am 17. Juni fuhr Dostal mit dem Mercedes des Vaters vor, und seither war der Anhänger unauffindbar. Schließlich bat man die Bevölkerung via TV und Printmedien um Hinweise.

Es meldete sich ein Tankstellenpächter aus Wien-Liesing. Er sagte, ein Mann, auf den die Beschreibung Ernst Dostals passte, habe ihm hundert Schilling dafür gegeben, dass er den Anhänger eine Weile bei ihm lassen dürfe. Sogleich beschlagnahmte die Polizei das Fahrzeug und übergab es der Wiener Gerichtsmedizin. Zuerst konnten die Experten keine verdächtigen Spuren sichten. Aber als sie sich die Unterseite des Anhängers genau ansahen, entdeckten sie zwei größere eingetrocknete braune Flecken, die sich als Menschenblut entpuppten. Zwar konnten die Gerichtsmediziner die verschiedenen Faktoren nicht mehr eingrenzen, aber die Blutgruppe konnten sie einwandfrei bestimmen: Es war, wie bei Richard Dvorak, die Blutgruppe null. Es ist also mehr als wahrscheinlich, dass Ernst Dostal die bereits zerstückelte und verpackte Leiche seines Freundes in diesem Anhänger, der übrigens mit dem Namensschild »Ing. Robert Dostal« versehen war, transportiert hatte.

Wo aber war Ingenieur Robert Dostal? In der Schweiz hielt er sich längst nicht mehr auf, und auch in Niederösterreich nicht, so

Mit diesem Einachsanhänger wurde Richard Dvoraks Leiche transportiert.

viel stand fest. Die brennende Frage war: Wer rief am Dienstagnachmittag unter der im Inserat erschienenen Telefonnummer in Altlengbach an? Neben etlichen Neugierigen und abartig Veranlagten möglicherweise auch der Vater des Amokläufers, denn das Telefon klingelte mehrmals, und beim Abheben meldete sich niemand. Robert Dostal jedenfalls blieb vorerst verschollen.

28. Juni 1973. Lüneburg, Bundesrepublik Deutschland.
Kurz vor 12.00 Uhr Mittag ließ der Direktor des Hotels »Altenbrücker Tor« das Zimmer eines gewissen Herrn »Albrecht« aufbrechen. Der Gast war nicht zum Frühstück erschienen, das Personal wollte das Zimmer putzen, niemand meldete sich. Herr »Albrecht« lag erschossen im Bett. Neben seiner Leiche fand man zwei Pistolen, einhundertfünfundzwanzigtausend Schweizer Franken in bar, einen Zeitungsbericht über das Feuergefecht in Lengbachl, einen Zettel mit der Aufschrift »Ich weiß nicht weiter« und einen Reisepass, der den Toten als Robert Dostal auswies.

Die deutsche Staatsanwaltschaft schloss ein Fremdverschulden aus und nahm von einer Obduktion Abstand. Auf Verfügung von Theresia Dostal wurde der Leichnam eingeäschert und an ihre Adresse übersandt. Robert Dostal hatte sein letztes Versteck vermutlich aus sentimentalen Gründen gewählt, denn die Familie hatte dort in früheren Jahren einen harmonischen Urlaub verbracht.

August 1983. Tullnerbach, Niederösterreich.
Das Wohnhaus der Dostals war im Erbweg an entfernte Verwandte gegangen. Die nunmehrigen Besitzer wollten das Haus renovieren und beauftragten Spezialisten mit der Beseitigung eines riesigen Safes im Keller. Dahinter kam ein Hohlraum zum Vorschein, in dem sich insgesamt fünfundfünfzig Kilogramm Gelatine-Donarit, hundert elektrische Zünder, Sprengkapseln, eine Rolle Zündschnur und mehrere Schusswaffen verbargen.

Zehn Jahre zuvor hatte man das geheime Sprengstoffdepot trotz groß angelegter Suchaktion mit Hausplänen und Grabungen nicht gefunden. Jetzt stieß man durch Zufall darauf. Alle Gegenstände waren durch die feuchte Lagerung unbrauchbar geworden. Das war auch der Grund, weshalb eine eingebaute Sprengfalle nicht explodierte.

10. Bemäntelnde Politik – Medien attackieren den Polizeiapparat

Bereits während der fieberhaften Jagd auf den Amokmörder wurden Stimmen laut, die offen Kritik an den Sicherheitsbehörden übten. Eine der aufgeworfenen Fragen zielte auf den Umstand ab, dass Ernst Dostal vor seiner Vernehmung in der Rennwegkaserne nicht oder nicht gut genug durchsucht worden war, obwohl die Ermittler wussten, dass er Inhaber einer Jagdkarte und eines Waffenpasses für eine Pistole der Marke FN war. »Ist die Polizei unbedarft?«, stand, wenn auch nicht wörtlich, so doch in anklagendem Ton zwischen den Zeilen mancher Zeitungsberichte.

Auch die Tatsache, dass Dostals Ende im Rundfunk übertragen worden war, bot den Analysten Stoff, an der Fähigkeit der Polizei zu zweifeln: Die reinste Kriegsberichterstattung sei es gewesen, eine regelrechte Hinrichtung, dabei hätten die Behörden den Verbrecher doch lebend gebraucht. Von einhundertdreiundneunzig abgegebenen Schüssen hätten Dostal nur drei getroffen – schießen denn unsere Polizisten so schlecht? Hatten einige von ihnen durch Unerfahrenheit und mangelnde Koordination gar das Leben ihrer Kollegen gefährdet?

Innenminister Otto Rösch ließ derartige Angriffe nicht gelten. »Dass alle, die nicht beteiligt waren, es besser wissen, das kenn ich seit meinem Amtsantritt vor drei Jahren«, sagte er in einem Interview mit der Arbeiter-Zeitung. »Wenn man das Ganze in einem Spielfilm sähe, hätte es einen James Bond gegeben, der dem Dostal, was weiß ich, eine Lampe ins Gesicht geschmissen oder ihm draußen in Altlengbach aus der Hütte heraus die Pistole aus der Hand geschossen hätte. Aber in der Realität schaut halt alles ganz anders aus.«

Respekt vor der Anständigkeit eines Ministers, der sich schützend vor seine Beamten stellte. Auch wenn eine andere seiner Aussagen dann doch wieder dem Gerede von der naiven Exekutive

Nahrung gab. Rösch betonte, dass niemandem ein Vorwurf zu machen sei, denn man habe es schließlich mit einem völlig neuen Verbrechertyp zu tun gehabt. Österreich, die Insel der Seligen, könnte man bissig denken, ein Staat, in dem nur Spitzbuben herumlaufen, um mit Schreckschusspistolen auf Spatzen zu schießen, und kriminologische Lehrbücher scheint es dort auch nicht zu geben. Aber Otto Rösch hatte im wahrsten Sinne des Wortes kein glückliches Händchen, wenn es um diplomatisches Vorgehen ging. Man erinnere sich an die OPEC-Geiselnahme im Dezember 1975, als er, der Repräsentant der Republik, den Terroristen Carlos auf dem Flughafen Wien-Schwechat mit Handschlag verabschiedete.

Im Fall Dostal entstand durch die öffentlichen Auftritte Röschs zwangsläufig der Eindruck, dass Dostal senior, Dostal junior und Richard Dvorak nicht alle ihre Geheimnisse mit ins Grab genommen hatten, sondern es etliche Leute gab, die mehr wussten, als sie zu erzählen bereit waren. Doch offenbar hatte man ihnen von höchster Stelle aus Maulkörbe angelegt.

Noch Ende Juni signalisierte ein leitender Ermittler der Sonderkommission gegenüber der Presse, dass die Dostals in direkter Verbindung zu rechtsradikalen Organisationen gestanden hatten. »Gleich kiloweise liegen uns solche Hinweise vor«, sagte er. Unabhängig davon offenbarte ein Beamter der Staatspolizei, dass die Gruppe um Dostal und Dvorak schon vor einiger Zeit ins Visier der Spionageabwehr geraten und beobachtet worden war.

Am selben Abend Ende Juni traten Innenminister Otto Rösch (SPÖ) und der Generaldirektor für die öffentliche Sicherheit, Oswald Peterlunger (ÖVP), in der ORF-Fernsehdiskussion »Im Brennpunkt« auf, wo sie alle möglichen Gesichtspunkte der Affäre erörterten. Sie sprachen über psychologische und erzieherische Aspekte, Mutterbindung, Vaterhörigkeit und Wohlstandskriminalität, um letztlich zu dem Schluss zu gelangen, dass Dostal ein abstruser, abwegig veranlagter und infantil gebliebener Mensch gewesen war, der im Schießen, Sprengen und Karatekämpfen das

Um und Auf seines Lebens gesehen hatte. Dass ebensolche abwegig veranlagten und infantil gebliebenen Waffennarren leicht in politische Extreme abgleiten, verschwiegen Rösch und Peterlunger geflissentlich.

Ein anderer Diskussionsteilnehmer hatte – vermutlich unbewusst – dieses Problem angedeutet, als er meinte, man hätte Dostal rechtzeitig auf einen Beruf hinlenken sollen, der seinen Neigungen entsprach: »Er hätte ein Bundesheer-Ranger werden sollen.«

Tatsächlich war im Zuge der Ermittlungen zur Sprengung Richard Dvoraks ein Bundesheeresoffizier der Heeresnahkampfschule (HNS) in Verruf geraten. Der Mann kam aus der Wehrmacht, gehörte der B-Gendarmerie, der Vorläuferin des Bundesheeres während der Besatzungszeit, an und gründete nach dem Vorbild der amerikanischen »Green Baretts« eine österreichische Ranger-Truppe. Gleichzeitig betrieb er auch zwei Karateschulen, die offensichtlich Neofaschisten Unterschlupf boten. Dort bildete er den Nachwuchs für die Rangers aus, denen eine Zeit lang auch Richard Dvorak angehörte.

Ohne Zweifel hätte Ernst Dostal sich beim Heeres-Jagdkommando wohlgefühlt. Die Überlebensspiele, das Wurzeln- und Würmeressen, das Erlernen von Gefechtstechniken und Überfällen aus dem Hinterhalt hätten ganz auf seiner Linie gelegen. Es hätte seine absonderlichen Vorstellungen von Männlichkeit und Heldentum erfüllt – konkret eine Wertehaltung, die auch in der SA und in der SS zum guten Ton gehört hatte. Ein Mann vom Schlage Dostals hätte unter den Paramilitaristen der NSDAP großes Ansehen genossen, und wahrscheinlich wäre ihm im »Tausendjährigen Reich« eine beachtliche Karriere als strammer Standartenführer beschieden gewesen.

Doch auf diesem Ohr stellten sich die beiden hauptverantwortlichen Herren des Innenministeriums taub. Sicherheitschef Peterlunger behauptete sogar, dass »man von der Existenz rechtsradikaler Gruppen um Dvorak und Dostal nichts wusste und auch nichts weiß« – am selben Tag, als jener leitende Beamte der Staatspolizei ausdrücklich erklärte: »Wir beobachten die Gruppe Dostal schon seit einiger Zeit.«

Wie so oft, wenn Aussage gegen Aussage steht, zog auch bei dieser Gelegenheit der weniger Mächtige den Kürzeren. Offenbar unter Druck von oben widerrief der Staatspolizist seine Erklärung, alle ermittelnden Behörden verstummten fortan, die schiefe Optik aber blieb bestehen. Und mehr als das.

Doch zunächst ein Zitat des Journalisten Hans Wolker, der in seinem am 22. Juli 1973 in der Volksstimme erschienen Artikel die Situation treffend beschreibt:

»Seit dem spektakulären Tod des Amokläufers Ernst Dostal sind nahezu vier Wochen vergangen. So laut und hektisch es bei der Jagd nach dem Mörder zuging – für den ORF wurden die Dostal treffenden Todesschüsse sogar elektronisch verstärkt –, so leise, ruhig und zurückhaltend ist man jetzt. Niemand sagt etwas, niemand will etwas wissen. Totales Schweigen. Genauer: ›Dostales‹ Schweigen.«

Doch weshalb? Warum versuchte man zu verschleiern, was schon knapp nach dem Tod von Robert und Ernst Dostal auf der Hand lag: dass Vater und Sohn dem faschistischen »Freikorps Europa« angehörten, wie die Volksstimme berichtete. Diese nach dem Führerprinzip aufgebaute, im Untergrund agierende Organisation mit Zentrale in Westdeutschland, Zweigniederlassungen in Österreich, Spanien und Südafrika sowie Verbindungen zu reaktionären israelischen und anarchistisch-maoistischen Gruppen war zahlenmäßig zwar nicht groß, musste jedoch über mächtige Hintermänner verfügen. Das verrieten laut des Zeitungsberichts die reichlichen Geldmittel, über die die Gruppe verfügte. Offenbar spielten sowohl Ernst als auch Robert Dostal im »Freikorps Europa« eine wichtige Rolle. Weiter heißt es in dem Artikel, dass die Ermittler der Sonderkommission bei der Durchsuchung des Hauses in Tullnerbach Unmengen von Landkarten europäischer

Staaten aufgefunden hätten, auf welchen bestimmte Straßen, Orte und Objekte mit besonderen Zeichen versehen waren. In ebenfalls sichergestellten Aufzeichnungen und Notizbüchern der Dostals seien Namen, Adressen und Telefonnummern von fünfhundertneunzig Personen enthalten, darunter auch solche von prominenten Politikern.

Eine Londoner Ansichtskarte belegt: Die Dostals ließen noch rasch vor ihrem Ende weitere Materialien verschwinden. Ein sich in England aufhaltender Gesinnungsgenosse, dem die Vorgänge in Österreich offensichtlich unbekannt waren, hatte sie am 5. Juli 1973 in Crawley, Sussex aufgegeben. Die Karte kam am 8. Juli 1973 im Postamt Sankt Pölten an, wo die Polizei sie abfing.

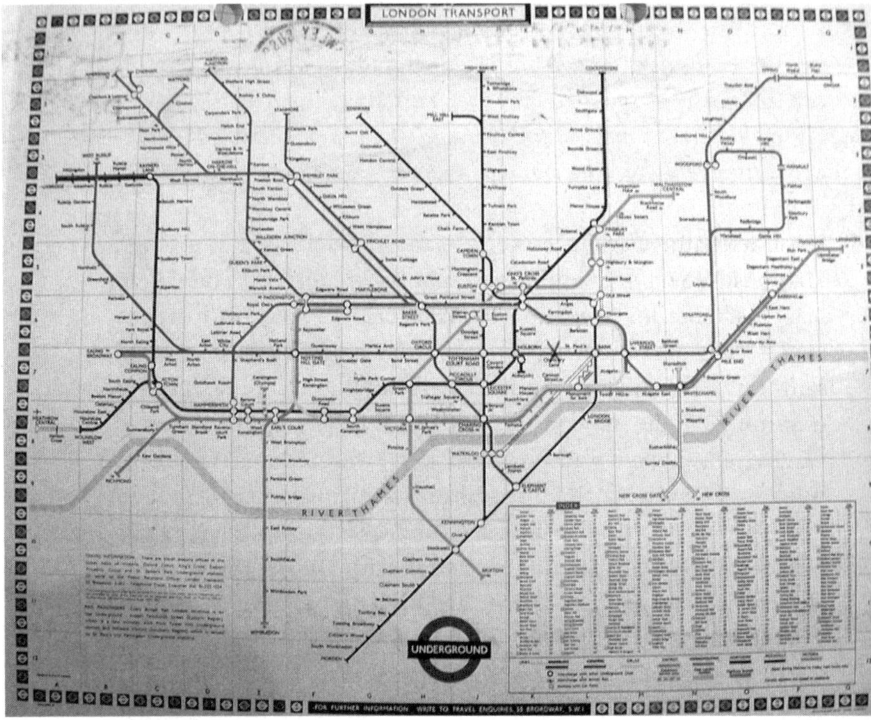

Ansichtskarte an Ernst Dostal von einem Gesinnungsgenossen in England.

Die Botschaft:

»Dear ERNEST, die Listen, die du nicht gefunden hast, hat mir dein Vater gesendet. Es ist nahezu unheimlich, dass ihr auch getrennt die gleichen Einfälle habt. Er hat mir geschrieben, dass er dich nicht erreichen kann und dass ich damit rechnen muss, dass alles andere früher oder später aufgestöbert werden wird. Ich finde es großartig, dass du selber auf die Idee gekommen bist, das zu verhindern. Allerdings hat dein Vater ein schönes Paket gemacht, mit starkem Papier und gut verschnürt. Warum hast du nicht alles in einer starken Schachtel geschickt? Oder zumindest gutes Papier verwendet? Ich muss jedenfalls fast alles noch einmal schreiben, denn das Zeitungspapier ist natürlich ganz zerrissen, noch dazu, wo du nur Zwirn herumgebunden hast. Es ist alles dementsprechend angekommen. Das heißt, die Nummer 6 fehlt noch. Es ist gut, dass du die einzelnen Stücke nummeriert hast, sodass man das gleich fest-

stellen kann. Gut wäre auch dein genauer Absender gewesen. Aber davon steht kein Wort. Hoffentlich schreibe ich es richtig. Übrigens hat auch dein Vater das Paket am 25. 6. aufgegeben. Toller Gleichklang bei euch beiden. Ich werde also alles hinterlegen (x) und bis 10.8. warten. Nur wenn ich nichts anderes höre, gebe ich alles am 11. an Hug nach Kennington, Kent weiter. Der weiß es schon. Ich warte also. Viele Grüße …
x kh weiß zwar nicht, worum es eigentlich geht, aber dein Vater hofft, dass du nicht auf ihn wartest (??), weil er nicht will, dass du nur für ihn so viel riskierst. (?)«

Auffallend ist, dass auch die seinerzeit von der Sonderkommission sichergestellten Unterlagen aus dem Besitz der Dostals heute unauffindbar sind. Ein leitender Polizeibeamter bestätigt, dass seine Behörde das Material vernichtete. Weshalb dies geschah, will er freilich nicht sagen. War ein übereifriger Modernisierer am Werk, der mit Begeisterung den Reißwolf fütterte? Ober hätten die Dokumente allzu brisante Details offenbart?

Ein Insider, der anonym bleiben möchte, berichtet: »Es gab zwei riesige Aktenschränke voll mit Material über die Causa Dostal.« Heute sind gerade einmal zwei Heftordner vorhanden.

Was den neobraunen Untergrund betrifft: Anscheinend wurde er in den siebziger Jahren von höchster Stelle gedeckt, weil eine Reihe von politisch Verantwortlichen selbst etwas zu verbergen hatte. Und sei es nur ihre eigene einschlägige Vergangenheit, die aufzurollen den Betreffenden höchst ungelegen gekommen wäre.

Um die Untersuchungen im Fall Dostal voranzutreiben, half es wirklich nicht, dass – wie viele österreichische Politiker – auch der Innenminister selbst ein ehemaliger Nazi war. Doch obwohl sie bei den Behörden auf Granit bissen, ließen sich einige Journalisten nicht mundtot machen. Hier ein Ausschnitt aus »Die österreichische Nation«, Nummer 11/73:

»Wir sind berechtigt, zu fragen, ob der österreichische Innenminister und sein Sicherheitsdirektor nicht wissen, was jeder andere weiß [...] dass Dostal und eines seiner Opfer Nazis waren [...] dass diese Nazis über Jahre hinweg Lager geführt haben [...] und dass sie dort Methoden geprobt haben, die unsere Gesellschaft von Juden, Langhaarigen, Progressiven und anderen ›Krebsgeschwüren‹ befreien sollen – und zwar mit Karate, Judo, Schusswaffen und Meuchelmord. Sollen wir denken, dass der Minister nichts gegen Nazis tut, weil er selber einer war (Parteikarte Nr. 8.595.796)?«

Otto Rösch war gleich nach dem Anschluss 1938 der NSDAP beigetreten. Ebenso war er Mitglied im NS-Soldatenring, in der SA und im NS-Lehrerbund. Er unterrichtete an einer Nationalpolitischen Erziehungsanstalt (Napola), versah seinen Kriegsdienst in der Deutschen Wehrmacht und wurde mit dem »Deutschen Kreuz in Gold« ausgezeichnet. Im Dezember 1947 wurde Rösch unter dem Verdacht, einer nationalsozialistischen Untergrundbewegung anzugehören, mit einem Koffer von gefälschten Personalausweisen festgenommen. Er behauptete, der damalige Innenminister Oskar Helmer habe ihn als Spion eingeschleust – eine Behauptung, die nicht zu widerlegen war –, und wurde mangels Beweisen freigesprochen.

Otto Rösch (1917–1995), Bundesminister für Inneres von 1970 bis 1977, Bundesminister für Landesverteidigung von 1977 bis 1983.

Otto Rösch war jedoch nur einer von vier Ministern mit Nazivergangenheit, die 1973 unter Bundeskanzler Bruno Kreisky auf der Regierungsbank saßen. Die anderen ehemaligen NSDAP-Mitglieder waren Landwirtschaftsminister Oskar Weihs, Bautenminister Josef Moser und Verkehrsminister Erwin Frühbauer. Die Tatsache, dass Kreisky 1970 in sein erstes Kabinett gleich vier frühere Nazis berief, zog im In- und Ausland ein Schlagzeilengewitter nach sich. Zudem bildete Kreisky seine sozialistische Minderheitsregierung mithilfe des Ex-SS-Obersturmführers Friedrich Peter. Der FPÖ-Politiker hatte nicht der kämpfenden Truppe der Waffen-SS angehört, sondern einem Sondereinsatzkommando des Sicherheitsdienstes, bei dessen Gräueltaten er nach eigener Aussage jedes Mal auf »Schulung« oder »Heimaturlaub« gewesen war.

Dazu Bruno Kreisky: »Auch ein NSDAP-Mitglied oder ein SS-Mann muss in Österreich jedes Amt bekleiden dürfen, solange ihm keine Verbrechen nachgewiesen sind.«

Mit der Positionierung von »Ehemaligen« in seinem Kabinett verfolgte der Bundeskanzler das Ziel, Wählerstimmen aus dem so genannten dritten Lager zu gewinnen, wie Wolfgang Neugebauer und Peter Schwarz in ihrer 2005 im Czernin Verlag veröffentlichten Studie »Der Wille zum aufrechten Gang« darlegen. Kreiskys Taktik war eine Fortsetzung der in den späten vierziger und fünfziger Jahren intensiv betriebenen Reintegration von Ex-Nazis in die österreichische Sozialdemokratie. Das Buhlen um die Gunst der Braunen erreichte 1957 einen unrühmlichen Höhepunkt, als die Partei im Präsidentschaftswahlkampf frei nach der Devise »Roter Nazi ist gleich guter Nazi« mit einem dreisten Reim für ihren Kandidaten Adolf Schärf warb: »Wer einmal schon für Adolf war, wählt Adolf auch in diesem Jahr!«

Unmittelbar nach dem Zweiten Weltkrieg sah die SPÖ sich mit einem gravierenden Mangel an Fach- und Führungskräften konfrontiert, der sich aus der Vertreibung und Ermordung sozialdemokratisch-jüdischer Intellektueller in der NS-Zeit ergab. Um Macht zu erhalten und gegenüber dem politischen Hauptgegner konkurrenzfähig zu bleiben, griffen die SPÖ und der BSA (Bund sozialdemokratischer Akademiker) bei der Besetzung von führenden Positionen in der öffentlichen Verwaltung und in der staatsnahen Wirtschaft auf viele ihrer einstigen Jugendfunktionäre zurück, die später der Propaganda der Nationalsozialisten erlegen waren.

Otto Rösch passte genau ins Bild. Auch er hatte in der Zwischenkriegszeit seine politische Karriere in den sozialistischen Jugendorganisationen begonnen und war 1934 wegen seiner Zugehörigkeit zur Arbeiterpartei sogar kurzfristig in Haft gewesen. Nach dem Krieg galt er dann als »minder belastet« und somit tauglich für ein höheres Amt.

Aber die SPÖ war keineswegs die einzige Partei, die im braunen Wählerpool fischte. Auch die ÖVP und der CV (Cartellverband) betätigten sich fleißig als Angler, wie Neugebauer und Schwarz in ihrer Studie aufzeigen. Jedoch befanden sich die schwarzen Organisationen bei der Besetzung von Spitzenfunktionären klar im Vorteil, weil ihre Eliten in der NS-Zeit weniger Verluste erlitten hatten.

Der Integrationsprozess von Ex-Nazis in die SPÖ und in den BSA verlief übrigens regional sehr unterschiedlich. Die westlichen und südlichen Bundesländer wiesen einen weitaus höheren Anteil an »Ehemaligen« auf, während man in Wien, Niederösterreich und im Burgenland weniger Schwierigkeiten hatte, unbelastete Führungskräfte zu rekrutieren. Vornehmlich aus Wien kamen auch die Bedenken gegen die gängige Praxis des »Augenzudrückens«. Ärzte, Juristen und Ingenieure, unter welchen der Anteil an einstigen Widerstandskämpfern, Antifaschisten und Reimmigranten am höchsten war, übten Kritik an dieser ihrer Meinung nach kurzsichtigen Vorgehensweise.

Der Lauf der Geschichte gab ihnen recht: Zwar konnte die SPÖ durch das Einbinden von Ex-Nazis in den siebziger Jahren Wahlen gewinnen und ihren Einfluss in Staat und Wirtschaft stärken, doch spätestens Ende der neunziger Jahre war der Partei eine schwere Imagekrise beschert. Das Gerichtsverfahren gegen das BSA-Mitglied Heinrich Gross brachte den Stein endgültig ins Rollen. Der frühere NS-Arzt hatte 1944 an der berüchtigten Wiener Euthanasieklinik »Am Spiegelgrund« an der Tötung von behinderten Kindern mitgewirkt. Eine rechtskräftige Verurteilung dieses in der Zweiten Republik meistbestellten Gerichtsgutachters erfolgte allerdings nie. Im Gegenteil, der Mediziner wurde für seine Forschungen an den teilweise aus der NS-Zeit stammenden Kindergehirnen sogar mit dem Theodor-Körner-Preis ausgezeichnet und erhielt die höchste Anerkennung, die die Republik im Bereich Wissenschaft und Kunst zu vergeben hat: das betreffende Ehrenzeichen erster Klasse. Letzteres wurde ihm zwar mittlerweile aberkannt, doch für seine Taten während des Hitler-Regimes hat Gross sich bis zu seinem Tod im Dezember 2005 nicht verantworten müssen. Das erste Gerichtsurteil gegen ihn wurde 1951 aufgehoben, das zweite Verfahren im März 2000 nach nur dreißigminütiger Verhandlung eingestellt. Wegen Gross' angeblicher Demenz.

Doch der Fall Gross ist nur die Spitze des Eisbergs. In der Tiefe liegen noch etliche andere Niederträchtigkeiten. Denn die in den Jahren nach Kriegsende aus machtpolitischen Gründen betriebene Eingliederung von Ex-Nazis in die Großparteien förderte ein gegenüber Rückkehrern feindliches Klima. Man hätte das Problem des Mangels an Führungskräften ja auch lösen können, indem man die vor dem Naziterror ins Exil geflüchteten Akademiker mit offenen Armen wieder aufgenommen hätte. Doch stattdessen wurden antisemitische Mauern errichtet, frühere – auch schwer belastete – Nationalsozialisten systematisch gefördert und die wenigen Rückkehrer und die heimischen Antifaschisten an den Rand gedrängt.

Eine Denkweise, die bis heute nachwirkt, griff damals Platz. Es hieß: »Wenn jemand im Ausland war, dann soll er ruhig sein, denn er weiß gar nicht, was hier geschehen ist.« Oder die abgewandelte, später gegenüber der jüngeren Generation geäußerte Variante: »Wir haben es erlebt, ihr nicht. Deshalb könnt ihr auch nicht mitreden.« Und die noch immer beliebteste Version: »Es bringt doch nichts, die alten Geschichten wieder aufzuwärmen.«

Otto Rösch jedenfalls gehörte zu jenen, die kein Interesse daran hatten, die alten Geschichten aufzuwärmen. Er war einer von jenen, die wussten, was geschehen war, und die dennoch schwiegen. Schwiegen, wegsahen, verharmlosten, verleugneten. Noch einmal Hans Wolker:

»In Wahrheit kennen die für die Sicherheit Verantwortlichen ganz genau den neobraunen Untergrundsumpf, wissen sie, dass es rechtsradikale Gruppen, Vereine und Organisationen gibt, nur taten sie dagegen nichts. Sie bagatellisieren und vertuschen vielmehr alles, bis zum heutigen Tag. Zum Teil mag dies begreiflich sein. Würden sie nämlich zugeben, dass sie von der Existenz dieser rechtsextremistischen Vereine und Gruppen wussten, aber nichts dagegen taten, dann wären sie mitschuldig an dem, was in den vergangenen Tagen passierte – auch an den blutigen Tragödien à la Dostal und der zunehmenden Unsicherheit in der Bevölkerung.«

Welche brisante Information enthielten die verschwundenen und vernichteten Aufzeichnungen aus dem Besitz der Dostals? Hätten sie womöglich staatliche Würdenträger oder andere hoch dekorierte Persönlichkeiten als Mitglieder des neofaschistischen Geheimbundes entlarvt?

Höchstwahrscheinlich ging aus den Papieren hervor, dass Ernst und Robert Dostal eine schwer bewaffnete und im Umgang mit Sprengstoff bestens bewanderte Organisation aufbauten oder bereits aufgebaut hatten. Die Polizei überprüfte Hinweise, denen zufolge die beiden Männer planten, neben den herkömmlichen Waffen Flammenwerfer und Spezialwaffen zu kaufen, die die US-Streitkräfte im Vietnamkrieg eingesetzt hatten. Ein Büchsenmacher sagt, dass die Dostals – höchst illegal – eine Maschinenpistole mit einem Fünfzig-Schuss-Trommel-Magazin konstruiert und deren Fertigung bereits in Auftrag gegeben hätten.

Bestanden Verbindungen zwischen den Dostals und Terroristen in anderen Teilen der Welt – Guerillas, die Waffen benötigten, sie aber auf dem freien Markt nicht kaufen konnten? Hatten die Dostals ein geschäftliches Interesse daran? Richard Dvorak deutete kurz vor seinem Tod einem Bekannten gegenüber an, Dostal senior würde illegale Waffendeals abwickeln. Das wäre auch eine Erklärung für den ungewöhnlich hohen Geldbetrag in Schweizer Franken, der bei Robert Dostals Leiche im Lüneburger Hotelzimmer aufgefunden wurde und der in keinem Verhältnis zu Beruf und Einkommen stand.

Was war der Zweck der »Folterkammer«? Verfolgten die Dostals mit den geplanten Entführungen vielleicht gar keine finanziellen Ziele, sondern politische Absichten? Angesichts der Tatsache, dass die Dostals bereits über ein beträchtliches Vermögen verfügten, vermutet der schon zitierte anonyme Insider: »Sie wollten möglicherweise die Regierung stürzen.«

Interessant in diesem Zusammenhang ist die Tatsache, dass jene Gendarmeriebeamten, die den Schwerverbrecher in Lengbachl gestellt hatten, Drohanrufe erhielten. In einem Fall gingen die unbekannten Dunkelmänner so weit, dass der betroffene Beamte es für vorteilhaft hielt, vorsorglich seine Familie umzuquartieren. Ob Kumpane der Dostals die Drohungen aussprachen oder es sich um eine von Querulanten gestützte Aktion handelte, konnte nie geklärt werden.

Angesichts der vielen offenen Fragen jedenfalls, zu welchen die Behördenvertreter sich nicht mehr äußerten, geriet schließlich die Staatspolizei ins Kreuzfeuer der medialen Kritik. Ein Fall aus dem Jahr 1972 sollte die Nachlässigkeiten der Stapo aufzeigen. Faschistische Exilkroaten hatten sich unbemerkt in Österreich formiert, bei Salzburg Schießübungen abgehalten und schließlich in Jugoslawien bewaffnete Raubüberfälle verübt. Die jugoslawische Regierung hatte damals offiziell gegen Österreich protestiert. Dazu der Journalist Hans Kalt im Juli 1973 in der Volksstimme:

»Das sind aber nicht die einzigen Schießübungen, von denen die Staatspolizei nichts merkt. Der Fall Dostal hat gezeigt, dass es auch bei Wien solche Schießübungen gab. […] Was tut die österreichische Staatspolizei eigentlich? Wozu ist sie da? Dem einfachen Staatsbür-

ger gegenüber wird der Anschein erweckt, dass eben auch das demokratische neutrale Österreich eine solche Staatspolizei zur Sicherung der Demokratie benötige. Aber die Praxis schaut offensichtlich ganz anders aus: Gerade jene faschistischen Kreise, die Demokratie und Neutralität ernsthaft gefährden, haben von dieser Staatspolizei nichts zu befürchten. Zu deutlich wird an dem Salzburger Beispiel sichtbar: Diese Staatspolizei sieht ihre Aufgabe nicht darin, solche faschistischen Schießübungen und andere Machenschaften aufzudecken und zu unterbinden, sondern möglichst zu verhindern, dass sie aufgedeckt werden.«

Heute sind die Verbrechen der NS-Zeit weitgehend aufgearbeitet, viele Fehler sind öffentlich eingestanden, und selbst satirische Darstellungen von Hitler und Konsorten lösen keine Skandale mehr aus. Doch Anfang der siebziger Jahre war es offenbar ausschließliche Angelegenheit der ultralinken Medien, jene Fehlentwicklungen der Geschichte zu thematisieren. Mag sein, dass ihre Anschuldigungen über das Ziel hinausschossen. Zumindest trafen sie die Falschen. Weil ein Innenminister und ein Sicherheitsdirektor nicht klar Stellung bezogen, hatten die einfachen Polizisten und Gendarmen den Fall Dostal am Ende allein auszustehen. Sie taten es mit Tapferkeit, unter dem Einsatz ihres Lebens und mit der Last, die Hintergründe der Affäre gegen Widerstände von oben aufzuhellen.

Doch bei Letzterem scheiterten sie. Über Wochen vernahmen die Ermittler der Sonderkommission viele Verdächtige aus dem braunen Dunstkreis. Etliche mussten zugeben, Ernst Dostal begegnet zu sein, doch alle bestritten, ihn näher gekannt zu haben. Die Dostals hatten es geschickt vermieden, enge Kontakte mit Gesinnungsgenossen zu pflegen. Aus Vorsichtsgründen hatten sie die Verbindungen nur über Richard Dvorak, ihr späteres Mordopfer, aufrechterhalten. Deshalb war es einfach, Ernst Dostal verharmlosend als Waffennarren zu bezeichnen und ihn als irren Einzeltäter abzutun.

»Ernst Dostal ist tot, aber das Phänomen Ernst Dostal wird Österreichs Öffentlichkeit noch lange beschäftigen. Allzu viele Fragen bleiben unbeantwortet, allzu viele Details werden zweifellos als ungeklärt in die Kriminalgeschichte eingehen«, schrieb ahnungsvoll der Journalist Erich Grolig am 28. Juni 1973, bereits zwei Tage nach Dostals Ende. Er hat recht behalten: Viele Fakten sind durch die gängige Verdunklungspraxis unwiederbringlich verloren.

11. Wie im Abenteuerroman – Der Vater schreibt eine Geschichte, der Sohn lebt sie

Die Nachricht von Ernst Dostals Verbrechen erreichte auch die Neue Welt. Besonders hellhörig wurde dort ein gebürtiger Wiener, den der Lauf der Geschichte nach Greencastle, Indiana verschlagen hatte. Robert Plank, ehemals Rechtsanwalt, Journalist und Jugendfunktionär der Sozialdemokratischen Arbeiterpartei Österreichs, war nach dem Einmarsch der deutschen Truppen 1938 über England in die USA emigriert. Im Exil absolvierte er ein Psychologiestudium an der Universität von Kalifornien und wurde Professor für Psychologie der Literatur in Oakland, wobei der Schwerpunkt seiner wissenschaftlichen Arbeit auf dem Gebiet der Science-Fiction lag.

Wie das Schicksal spielt, kamen Plank nicht nur die Mordtaten des Ernst Dostal zu Ohren, er erfuhr durch die Presseberichte auch, dass Ernsts Vater Robert Dostal einen Abenteuerroman für Jugendliche geschrieben hatte. Sogleich erwachte das Interesse des damals sechsundsechzigjährigen Professors, fiel doch die Kombination Verbrechen – Literatur genau in sein Ressort. Inwieweit bietet die Handlung des Romans Anhaltspunkte für die Motivation der wahren Kriminalgeschichte? Das war die Frage, die den Experten vorrangig beschäftigte. In der 1978 an der DePauw-Universität in Greencastle veröffentlichten Studie legt Robert Plank seine Antworten eindrucksvoll dar.

Gleich zu Beginn des Essays kokettiert der einstige Wiener auf charmante Weise mit seiner Herkunft und zitiert im selben Atemzug Horatios Rede im fünften Akt von Shakespeares Hamlet:

»Das Bild jeder bekannten Stadt wird zum Klischee. Vermutlich hat keine von ihnen dieses Schicksal auf albernere Weise erlitten als Wien – Schlagobers, Walzer, tote Kaiser, lebende Lipizzaner, Operetten und Freud. Es wirkt beinah befreiend, zu erfahren, dass sie auch in Wien – wie in Helsingör – geschehen, jene ›fleischlichen,

blutigen, unnatürlichen Taten ... Tode, durch Gewalt und List bewirkt ... und verfehlten Pläne, die auf das Haupt des Erfinders zurückfallen‹. Und es überrascht ein wenig, dass wir diese Erkenntnis in Verbindung mit einem Science-Fiction-Roman gewinnen.«

Dabei fiel es Plank gar nicht leicht, besagten Roman überhaupt aufzutreiben. »Jagd nach dem Atomgold« war bereits 1966 im Münchener Bardtenschlager-Verlag erschienen. Robert Dostals mit 128 Seiten recht handliches Opus hatte mäßigen Erfolg – genug, um bald ausverkauft zu sein, aber nicht ausreichend, um eine zweite Auflage zu drucken. Als sieben Jahre nach der Veröffentlichung der Dostal-Sohn mordend durchs Land zog, war kein einziges Exemplar in einem Antiquariat erhältlich. Doch Professor Plank wurde fündig – in einer Bücherei.

Er, der so weitblickend gewesen war, der Deportation durch die Nazis zu entgehen, berichtet über den Gelegenheitsautor Robert Dostal:

»Es passiert nicht selten, dass jemand, der nie zuvor ein Schriftsteller war, schreibt, nachdem er das Konzentrationslager überlebt hat. Es ist ein Weg, die Ungeheuerlichkeit der Erfahrung zu verarbeiten. Obwohl es ungewöhnlich ist, dass ein ehemaliger KZ-Häftling ein Buch wie ›Jagd nach dem Atomgold‹ schreibt. Denn dieser Roman ist voll von ungehinderter Lebensfreude, und er enthält weder lange Gefängnisaufenthalte (kurze Gefangenschaften sind mit Gleichmut behandelt) noch irgendetwas, das als Einnehmen eines Standpunktes für oder gegen Nazismus gelesen werden könnte.«

Gegen den Nationalsozialismus Stellung zu beziehen schien für Robert Dostal äußerst schwierig gewesen zu sein: Er kam 1919 als unehelicher Sohn einer deutschstämmigen Eintänzerin und eines jüdischen Geschäftsmannes zur Welt. Die Mutter brachte das ungewollte Kind zunächst in einem Heim unter. Später nahmen die Großeltern Robert zu sich nach Wien und verwöhnten ihn über die Maßen – vermutlich lag ihnen daran, den Mangel an Liebe auszugleichen, den er in früher Kindheit erlitten hatte. 1942 jedoch wurde Robert Dostal ins Konzentrationslager Buchenwald geschickt und blieb dort bis 1945. Es ist nicht bekannt, ob er bestraft wurde, weil er seine halbjüdische Abstammung verheimlichte, oder ob er zum Zeitpunkt seiner Deportation gar nicht davon wusste. Die Mutter heiratete in Böhmen Vladimir Dostal, der Robert adoptierte und ihm seinen Namen gab. Bei Kriegsende wurde die Frau aus Tschechien ausgewiesen und kam mit dem Sohn und nur einem Koffer Gepäck in Wien an. Von da an hielt Robert Dostal alle Welt für seinen Feind, wie eine Verwandte später formulierte. Die Mutter eine Deutschnationale, der Stiefvater ein Tschechischnationaler – die politischen Überzeugungen in der Familie machten es dem Halbjuden Robert Dostal unmöglich, seine eindeutige Haltung einzunehmen. Er wählte den Ausweg und flüchtete in die Fiktion.

»Jagd nach dem Atomgold«, im Folgenden kurz »Jagd« genannt, beginnt mit der Vorstellung des Protagonisten, der, Absolvent der Wiener Technischen Universität, als Pilot in der Welt umherstreift. Allein schon diese Neigungen verraten, wie sehr der Autor, der Zeit seines Lebens davon träumte, ein bedeutender Physiker zu werden, sich mit seinem Romanhelden identifizierte. Dazu kommt eine Namensgebung, die jeden Zweifel ausräumt: Einfach die beiden Silben des Nachnamens vertauscht, eine geringfügige Änderung der Buchstaben, und schon ist Fred Toltos erschaffen. In »Jagd« liest sich das so:

»›Sie sind zur rechten Zeit gekommen. Verstehen Sie deutsch?‹
Fred nickt. ›Ich bin Wiener. Fred Toltos ist mein Name.‹«

Bereits auf Seite vier rettet der junge Draufgänger einem Mädchen, Sybil Davidson, durch waghalsige und gekonnte Manöver im Pazifik das Leben. Bald stellt sich heraus, dass sie die Tochter eines US-amerikanischen Multimillionärs ist, der unter anderem der Flugzeugherstellerfirma Lockheed als Präsident vorsteht. Dieser Mann belohnt nun Fred mit dem prachtvollsten, speziell für ihn angefertigten Flugzeug.

Damit fliegt Toltos im zweiten Kapitel zunächst nach Wien, um seine Eltern zu besuchen, dann nach Belem, einer Stadt am Amazonas, wo er Major Macho von der brasilianischen Luftwaffe hilft, und von dort zum Titicacasee in Bolivien. Weshalb er das tut, das weiß weder er selbst noch der Leser.

Am Titicacasee jedenfalls wird Fred von einem alten Mann in einem Boot begrüßt, Professor Peter, der zufällig, so stehen eben die Dinge am Titicacasee, auch in Wien studiert hat. Auf ein Zeichen von Peter hin öffnet sich ein unsichtbares Portal in der Felsküste, und Boot wie Flugzeug gleiten in ein riesiges unterirdisches Versteck:

»Fred entdeckt den gebändigten Zufluss des unterirdischen Sees. Das Kraftwerk ist eine Meisterleistung der vier Menschen gewesen. Und dann der Reaktor! Mitten in der Höhle! Die Fundamente mussten tief eingesprengt sein, man kann genau erkennen, wo blanker Fels und Beton sich treffen. Etwas erhöht der Steuerstand, mittels einer Eisenleiter erreichbar.«

Peter hat einen verborgenen Inka-Tempel zu einem nuklearen Laboratorium umgebaut und sensationelle Entdeckungen gemacht. Nun steht er an der Schwelle des Todes. Er hat um einen Nachfolger gebetet, und Gott hat sein Gebet augenscheinlich erhört. Peter gibt Toltos rasch die wesentliche Information, warnt ihn vor Gold – und stirbt.

Fred setzt Peters Arbeit fort. Er fliegt auch nach Rio, Wien und Kalifornien. Er triumphiert im Luftgefecht mit der gefährlichsten Verbrecherbande der Welt und deren Anführer, dem gnadenlosen Brusilo. Er lässt seinen Freund Macho deren Dschungel-Camp zerstören, wird seinerseits von der US Air Force verfolgt, bewerkstelligt, dass ein amerikanisches Unterseeboot sich mit seiner eigenen Rakete versenkt und so fort. Ein weiteres Mal rettet er Sybils Leben, lässt aber zu, dass sie ihn dazu verführt, Blei in Gold umzuwandeln. Das wiederum lockt die Gangster zu seiner geheimen Einrichtung im Titicacasee, sodass seinem gewissenhaften Assistenten Paolo letztlich keine Wahl bleibt: Er muss das Laboratorium in die Luft sprengen und dabei sich selbst und die Gangster töten, während Fred von Macho aus anderen Gefahren gerettet wird.

Die Explosion hat allerdings eine Kettenreaktion ausgelöst. Ein Atomkrater hat sich gebildet, er brennt und wächst und bedroht alles Leben auf der Erde. Kein Wissenschaftler der Welt ist imstande, ihm Einhalt zu gebieten. Schließlich ruft Macho Fred zu Hilfe. Toltos wendet Professor Peters Erfindungen an und löscht die Feuersbrunst. Wieder einmal ist die Welt gerettet.

Zweifellos kann Robert Dostals Buch als Groschenroman bezeichnet werden. Es ist voll von Stereotypen und Klischees. Doch spielt bewertende Kritik keine Rolle in der Frage, ob und wie die Erzählung des Vaters ein Schlüssel zu den Bluttaten des Sohnes gewesen sein kann.

Unbestritten trägt jede Art von Literatur dazu bei, den menschlichen Charakter zu formen. Triviale Erzählungen tun dies vermutlich stärker als die sogenannte höhere Literatur, allein schon aufgrund der weiteren Verbreitung. Zwar sind die meisten Leser sehr wohl in der Lage, Fiktion und Realität zu unterscheiden, und denken nicht im Geringsten daran, ihre Fantasien im wirklichen Leben auszuagieren. Doch Bücher wie »Jagd« werden weniger von Erwachsenen, sondern hauptsächlich von Jugendlichen gelesen. Sie sind die Darstellung von Tagträumen, wie sie bei pubertierenden Burschen häufig auftreten. Und entscheidet sich ein Jugendlicher – aus welchen Gründen auch immer – dafür, einen solchen Traum zu leben, muss das zwangsläufig zur Katastrophe führen. Professor Robert Plank schreibt in seiner Studie über »Jagd«:

»Um die Wahrheit zu sagen, das Buch liest sich sehr spannend. In gewisser Weise hat es die Kraft von Gehirnwäsche: Eine aufregende Episode nach der anderen trifft den Leser wie ein gewaltiger Wasserstrahl – und wenige Tropfen heften sich an die Haut.«

Es ist eine alte Geschichte, aufpoliert durch das Einarbeiten von Elementen der in den sechziger Jahren modernen Wirklichkeit. Lockheed etwa, der amerikanische Flugzeughersteller, spielt eine wesentliche Rolle, und auch das 1960 eröffnete österreichische Atomforschungszentrum Seibersdorf. Gold als Symbol des Niedergangs ist so alt wie Vergils *auri sacra fames* (verfluchter Hunger nach Gold; aus: Aeneis 3,56 f), die Lehre der Alchemie oder der Schatz der Nibelungen. Dennoch, die wahren Motive des Helden wurzeln in tieferen Schichten seiner Persönlichkeit.

Fred Toltos ist der klassische Heros solcher Erzählungen: jung, superfit, völlig furchtlos. Er bricht die Regeln des internationalen Luftverkehrs mit der vergnügten Nonchalance eines James Bond. Stets bleibt er liebenswürdig, obschon ein Mann weniger Worte. Gleichermaßen mit Gedankentiefe und Sinn für Humor ausgestattet, körperlich wie geistig überlegen, überwindet er alle Gefahren siegreich. Fred Toltos vollbringt, was kein anderer vermag: Ohne ihn würde die Welt verloren sein. Einerseits.

Andererseits wären ohne ihn die Gefahren für die Welt nie aufgetreten. Er ist also nicht unschuldig – aber er ist ja von einer Tochter Evas verführt worden. Abgesehen von Freds Mutter, die nur beiläufig erwähnt wird, ist Sybil die einzige weibliche Figur in »Jagd«, und alles, was sie tut, um die Handlung zu beeinflussen, ist, sich von einem Mann retten zu lassen und einen Mann ins Verderben zu führen. Es gibt – und hier liegt ein erheblicher Unterschied zu James Bond – weder Liebe noch Sex. Frauen: nein. Freunde: ja. Freunde, vereint durch tödliche Gefahr.

Dieses in seinen Grundzügen machistische, ja homoerotische Gesellschaftsbild ist durchaus gebräuchlich in der Science-Fiction, was »Jagd« zweifellos ist: Wissenschaftliche und technologische Erfindungen spielen die maßgeblichen Rollen in der Handlung. Die Helden sind begnadete Erfinder und stehen in den härtesten Kämpfen ihren Mann, in ihrem Gefühlsleben aber weigern sie sich, erwachsen zu werden. Gelegentlich bricht das Dilemma ins Bewusstsein durch: Im Dschungel im Stich gelassen zu sein ist eine besonders missliche Situation. Fred fühlt sich dennoch beschützt, weil »alles so ist, wie er es in seiner Jugend in Büchern gelesen hat«.

Auch dem Familienleben zollt Science-Fiction üblicherweise kaum Aufmerksamkeit. »Jagd« behandelt Vaterfiguren mit entsprechender Herablassung. Toltos senior wirkt ein bisschen lächerlich, Sybils Vater wird samt Lockheed gänzlich abhängig von Fred, und Peter ist kaum erschienen, da ereilt ihn schon der Tod. Als hätte der Sensenmann exakt so lange gewartet. Alle drei Männer lieben Fred und unterstützen ihn oder würden es jederzeit bedingungslos tun. In Wahrheit sind diese Meister der Wissenschaft und Technologie Erfüllungsgehilfen. Ihre Leistungen sind im Grunde bedeutungslos.

Zu jener Zeit, als Dostal senior schrieb, herrschte ein unerschütterliches Vertrauen in den technischen Fortschritt. Fred erfährt wahres Glück nur im Pilotensitz, den er ehrfürchtig als »Kanzel« bezeichnet. Gefechte werden mit Flugzeugen, Raketen und automatischen Waffen entschieden. Es gibt keinen Nahkampf. Gewehre sind für Erpressungen brauchbar, abgefeuert werden sie nicht. Das Ziel ist, die Maschine des Feindes abzuschießen. Wissenschaft wird demgemäß überbewertet. Fred resümiert die Moral der Geschichte, wie er sie sieht:

»Der unwissende Mensch, der versucht, die Geheimnisse der Natur zu begreifen, wird gnadenlos vernichtet werden.«

Unwissenheit ist in »Jagd« jedoch teilweise eine Frage der Rasse: Freds Assistent Paolo, der sein Leben opfert, ist Indianer. Die

Gangster, die natürlich auch sterben müssen, sind stilisierte Mestizen – Mischlinge indianischer und europäischer Abstammung.

Psychologen beobachten schon lange mit Bedauern, dass Leute, die aufgrund ihrer persönlichen Erfahrungen frei von rassistischen Vorurteilen sein sollten, manchmal die größten Ressentiments hegen. Sie treten in fantasievollen Arbeiten, zu denen Robert Dostals Roman fraglos zählt, deutlich hervor. In der offenkundigen Ideologie von »Jagd« tritt dieser Makel freilich nicht auf. Der Autor wird nie müde, Frieden für die Welt und Wohlwollen für die Menschen zu predigen. Weniger Klarheit herrscht darüber, wie man diesen erhabenen Zielen näher kommen könnte. Gewiss nicht durch politisches Handeln. Leute in der Öffentlichkeit sind »machthungrige Männer, getrieben von politischen Instinkten«. Fred verachtet Politik so sehr, dass er weder Zeitung liest noch Radio hört. Die Rettung der Welt wird verzögert, weil er nichts vom atomaren Feuer am Titicacasee weiß, obwohl die ganze Welt Sturm dagegen läuft. Robert Plank bringt die Haltung des Helden respektive des Autors auf den Punkt:

»Thomas Mann kann kaum widersprochen werden, wenn er fragt, ob nicht die kosmologische Sicht des Universums im Vergleich mit dem Gegenteil, der psychologischen Sicht, etwas Kindisches hat. Beim Schreiben denke ich an Albert Einsteins strahlende runde Augen, die jenen eines Kindes gleichen. Ich kann mir nicht helfen. Menschliches Wissen, Erforschung des menschlichen Lebens hat einen reiferen, mehr durchdachten Charakter als Spekulationen über die Milchstraße – das sage ich mit dem tiefsten Respekt. Goethe meint: ›Dem einzelnen bleibe die Freiheit, sich mit dem zu beschäftigen, was ihn anzieht, was ihm Freude macht, was ihm nützlich deucht; aber das eigentliche Studium der Menschheit ist der Mensch.‹«

Robert Plank stellt keine psychiatrische Diagnose über Ernst Dostal, ebenso wenig entwirft er ein umfassendes Charakterbild des Verbrechers. Er versucht aufzuzeigen, wie der Lebenslauf des jungen Mannes dem Muster von »Jagd« folgt. Ein Leben, angepasst an die Literatur. Der Psychologe vermutet, dass das Nachahmen nicht mit Vorsatz geschah:

»Es ist normal, dass junge Männer dazu tendieren, ihren Vätern nachzueifern. Doch ist dieses Streben selten ohne Zwiespältigkeit, es gibt – oft sehr starke – ausgleichende Kräfte. In Ernst Dostals Fall führte das Zusammenspiel der verschiedenen Triebkräfte zu einer abweichenden Form: Er orientierte sich an der Dichtung seines Vaters.«

Wie bereits erwähnt, ist »Jagd« eindeutig kein Modell des realen Lebens. Man kann sich kaum einen Leser vorstellen, der glauben würde, dass die Wirklichkeit so funktioniert, wie sie in diesem Roman dargestellt ist. Zumindest keinen erwachsenen Leser. Aber ein naiver oder charakterlich noch nicht gefestigter Mensch könnte sich von der packenden Handlung durchaus beeinflussen lassen.

Ernst Dostal war sechzehn, als das Buch seines Vaters veröffentlicht wurde. Bis zu seinem dreiundzwanzigsten Lebensjahr verlief sein Leben tatsächlich so, als hätte er Fred Toltos absichtlich nachgeahmt. Der Roman weist beklemmende Ähnlichkeit zur Gedankenwelt des Amokläufers auf. Etwa spiegeln sich die Vermutung, dass Richard Dvorak ermordet worden war, als er versucht hatte, sich aus dem Bann Ernst Dostals zu lösen, sowie Dostals Flucht in den Wienerwald in folgendem Zitat wider:

»Die Geschichte seines Weges zu der Bande Brusilos ist einfach. Paolo ist ein Kind dieser Gegend und hatte sich in Chile anheuern lassen. Er weiß, dass es noch keinem Bandenmitglied gelungen ist, sich solch einer Freiheit lange zu erfreuen. Immer hatte Brusilo es verstanden, die Abtrünnigen zu stellen oder der Polizei einen Tipp zu geben. Paolo hatte deshalb seinen Fluchtweg durch den Urwald gewagt und, wie der Erfolg zeigt, nicht unklug gehandelt.«

Nachbarn der Familie Dostal in Tullnerbach erinnern sich, wie der Vater eine Grube aushob und seine verendete Boxerhündin darin begrub. Er erzählte immer wieder, dass das Tier hätte gerettet werden können. In »Jagd« nimmt er darauf Bezug:

»›Ich bin Paolo. Man ist hinter mir her, und mich verlassen die Kräfte. Hier …‹ Er deutet auf die Schlange. ›Es war der letzte Schuss! Der Hund, er tat mir Leid, ich wollte ihn retten.‹

Fred untersucht den Wolfshund und schüttelt den Kopf: ›Zu spät, Paolo. Hilf mir, wir graben ihm hier eine Grube.‹ Es dauert eine ganze Weile, dann können sie das Grab wieder zuschütten.«

Sogar die von den Dostals geplanten Entführungen finden sich in dem Buch:

»Fred weiß, dass die Polizei dreier Erdteile diesen ausgekochten Verbrecher sucht. In letzter Zeit hat er sich darauf spezialisiert, prominente Gefangene zu machen und hohe Lösegelder einzustreifen. Allerdings kehrten die Leute auch gesund und wohlauf zurück und priesen die Gastfreundschaft des sauberen Burschen.«

Ein besonders auffallendes Detail ist, dass die Charaktere in »Jagd« wiederholt den Kontakt zueinander verlieren und ihn durch das Ausstrahlen von Radiosignalen oder das Einschalten von Zeitungsinseraten wieder herstellen. Die folgende Szene im Roman erinnert frappierend an die Endphase des Kriminalfalls, als Ernst Dostal verzweifelt versucht, durch das Inserat im Kurier mit seinem Vater in Verbindung zu treten. Dass es genau diese Annonce war, die die Polizei zurück auf die Spur des Verbrechers brachte, ist von einer Ironie, die aus einem Stück von Shakespeare oder Schiller sein könnte. Hier die betreffende Szene in »Jagd«:

»Mutter sorgt für ihren Sohn, wie eben nur eine Mutter sorgen kann, und Vater ist ein dankbarer Zuhörer. Vielleicht wäre es so noch

einige Zeit weitergegangen, hätte Vater nicht die Angewohnheit gehabt, den Anzeigenteil der Tageszeitung genau zu studieren.

Da, auf einmal blickt Herr Toltos auf seinen Sohn: ›Du, Fred, da ist eine Anzeige, die für dich bestimmt sein könnte.‹

Mutter lacht, nur Vater ist ernst geblieben: ›Hier stehen nur drei Worte, allerdings fett gedruckt: ›Joe ruft Fred!‹‹

Das Lachen erstirbt in Freds Gesicht. Er nimmt selbst die Zeitung, fährt sich dann mit der Hand über die Augen. Die drei Worte bleiben: Joe ruft Fred!

Er lässt das Blatt sinken. Vor seinen Augen steht Oberstleutnant Macho mit seinem immer lachenden Gesicht, seinem südländischen Temperament, immer zu Späßen aufgelegt und doch, in Not, ein selbstloser, hilfreicher Freund. Und jetzt ruft er ihn! Jetzt braucht er Hilfe – und soll sie haben.«

Für viel aussagekräftiger als derartige Einzelheiten hält Professor Plank jedoch die eher allgemeinen Parallelen:

- Die Dostal-Gruppe übte sich in höchst »männlichen« Aktivitäten. Kampftechniken waren das Band, das die Mitglieder zusammenhielt. Sie hofften, ihr kriegerisches Training würde sie eines Tages zu heroischen Taten à la Fred Toltos befähigen. Ein geeigneter Feind würde sich dann schon finden. Diese Einstellung deckt sich mit dem Verhalten des Romanhelden. Fred fliegt anfänglich unmotiviert in der Welt umher, ohne gegen einen bestimmten Gegner zu agieren. Er hofft, auf geeignete Feinde zu treffen – und trifft auf sie.
- Der Held braucht in seinem Streben die Gesetze nicht zu befolgen. Ihm würde nie der Gedanke kommen, Hilfe oder Schutz bei den Staatsmächten zu suchen, das ist etwas für Weichlinge. Im Gegenteil, die Gesellschaft muss Hilfe und Schutz bei Toltos suchen. Der Held ist ein Gesetz für sich selbst. Jene, die es herausfordern, werden vernichtet. Genau das geschieht mit Freds beziehungsweise Ernsts Feinden. Was Richard Dvorak

auch getan haben mag, mit Sicherheit war es nicht so schwerwiegend, dass es seine Sprengung in 412 Einzelteile gerechtfertigt hätte.

- Große »Heldentaten« wie jene von Toltos/Dostal werden in kleinen Schlupfwinkeln ausgebrütet. In Inka-Tempeln oder Wehrmachtbunkern, wo das jungenhafte Agentenspiel blutiger Ernst wird. Frauen wären da überflüssig, sie würden nur für Verwirrung sorgen. In Dostals Gruppe gab es keine weiblichen Mitglieder, sondern, wie in derartigen Vereinigungen häufig, homosexuelle Beziehungen. Dostal und seine Freunde mögen internationale Terroristen gewesen sein oder auch nicht. Sich mit ihren Eigenheiten auseinanderzusetzen wirft jedenfalls Licht auf den Nährboden des Terrorismus: Allesamt waren sie erfahrene Schützen und begeisterte Waffensammler. Sie wichen Frauen aus und umgaben sich mit jungen Männern.
- Die Liebe des Vaters für seinen Sohn war außerordentlich groß. Der Senior verwöhnte den Junior in allen Belangen, Geld war nie ein Problem. In welchem Ausmaß Ernst diese Liebe erwiderte, ist zwar nicht bekannt, doch seine Freunde berichteten, dass er oft und mit Respekt von seinem Vater sprach. Hingegen erinnerten sie sich nicht, dass er jemals seine Mutter überhaupt nur erwähnte. Sie dürfte eine Außenseiterin in ihrer eigenen Familie gewesen sein. Wenn Vater und Sohn miteinander sprechen wollten, so berichteten Zeugen, wurde sie aufgefordert, den Raum zu verlassen. Das vermeintliche Muttersöhnchen Ernst Dostal war in Wahrheit Vaters Liebling.

Die Einzigartigkeit des Falls – der Vater, der einen Roman schreibt, der Sohn, der ihn lebt – ermöglicht es dem Psychologen, die Entwicklung des Ich-Ideals, des Lebensstils bis zu seinen Ursprüngen nachzuzeichnen. Wie Professor Robert Plank sagt, kränkelt es bereits an der Basis. Zwangsläufig prallen gelebte Tagträume gegen die Wand der Wirklichkeit. Fred Toltos war imstande, die Welt zu retten, Ernst Dostal aber konnte nichts erreichen außer der Zerstörung etlicher Leben, einschließlich seines eigenen. Die Selbstmorde der Möchtegernhelden waren ein vorherbestimmtes Ende: jenes des Sohnes, der in der Falle saß, und jenes des Vaters, der seine Illusionen zerstört sah.

Weiterführende Literatur

Bankl, Hans (2001): Im Rücken steckt das Messer. Geschichten aus der Gerichtsmedizin. – Kremayr & Scheriau, Wien. S. 133–135.

Dostal, Robert (1966): Jagd nach dem Atomgold. – Bardtenschlager Verlag, München.

Kirschner, J. (1973): Die fünf Tage, die Österreich in Atem hielten. – Bunte Österreich Nr. 28/73, Offenburg.

Neugebauer, Wolfgang & Schwarz, Peter (2005): Der Wille zum aufrechten Gang. Offenlegung der Rolle des BSA bei der gesellschaftlichen Integration ehemaliger Nationalsozialisten. – Czernin Verlag, Wien.

Plank, Robert (1978): From Science Fiction to Life and Death: A Case History. – Science Fiction Studies, Nr. 14, Vol. 5, Part 1, DePauw University, Greencastle, Indiana.

Tozzer, Kurt & Kallinger, Günther (1999): Todesfalle Politik. Vom OPEC-Überfall bis zum Sekyra-Selbstmord. – NP Buchverlag, St. Pölten.

TV-Beiträge

»Der Tod des Offiziers«, Sendereihe Tat-Sachen, ORF (2006).

»Staatsfeind Nr. 1«, Sendereihe Tat-Sachen, ORF (2004).

Der Autorin standen Dokumente aus dem Bundesministerium für Inneres und dem Dokumentationsarchiv des Österreichischen Widerstandes zur Verfügung.

Index